保育実践に求められる子育て支援

小原敏郎/三浦主博 編著

ミネルヴァ書房

まえがき

　本書は，保育士養成の教育課程で必修科目に定められている「子育て支援」において学ぶべき内容を踏まえて編集されている。近年，わが国の子育て環境は，子育て不安や児童虐待，子どもの貧困の問題などが顕在化し，必ずしも子育てしやすい社会とはいえない現状がある。このような社会状況だからこそ，子どもの最善の利益を第1に考え，社会全体で子どもの共育（共に育てる・育ち合う）を進めていくことが求められている。保育者にもますます，社会や地域において子育て支援の中核的な役割を担うことが期待されており，「保育者の保育の専門性」を背景とした子育て支援が求められている。本書の内容も近年の社会的状況を意識し，保育者として実際の保育実践の場で子育て支援を行うための基本的な知識，技術を習得することを目指すものとなっている。

　本書の構成は，「保育者の子育て支援の特性」を学ぶ「理論編」（第Ⅰ部），「保育者の子育て支援の展開」を学ぶ「演習編」（第Ⅱ部），「事例で見る保育者の子育て支援」を学ぶ「事例編」（第Ⅲ部）の3部構成となっている。「理論編」では，子育て支援の意義や原則，基本となる専門性についてわかりやすく説明している。実際に支援を行う際には，子育てや保育に関する知識が重要となることはいうまでもない。ここでは保育者が行う子育て支援の基本となる原理とは何かを学んでほしい。「演習編」「事例編」では，多くの保育事例（個人情報保護の配慮から本書で取り上げた事例は大幅に加工され，個人が特定できないものとなっている）を提示している。

　本書の内容を基に事例検討やグループディスカッションなどを行うことで，学生自らが課題に気づき，主体的に学ぶことができると考えている。また，演習課題や保育事例は，保育者同士や保護者との連携，地域の専門機関との連携といった「関係」における支援を意識した内容となっている。子育て支援は保

i

育者の一方的な支援ではなく，保護者とのより良い関係性やさまざまな社会資源との連携を通して行うべきものである。本書の演習課題や保育事例による学びを通して，保護者との関係構築のあり方や保育におけるソーシャルワークの考え方や方法といった「関係」における支援のあり方を習得することを期待する。

　最後に本書での学びが学生の将来の保育実践につながり，子育て支援のさらなる発展と充実のために活用されることを心より願っている。

2019年7月

小原敏郎

目　　次

まえがき

第Ⅰ部　保育者の子育て支援の特性

第1章　保育実践における子育て支援………………………………………2

　　1　子育て家庭を取り巻く社会の状況　2

　　2　保育実践における子育て支援　9

　　3　保育所における子育て支援　11

　　4　本章のまとめ　16

第2章　保育者の専門性と倫理………………………………………18

　　1　保育者の専門性　18

　　2　保育者に求められる倫理　22

　　3　本章のまとめ　26

第3章　保育者の支援ニーズへの気づきと多面的な理解……………29
　　　　──日常的な関わりを通じた信頼関係の形成のために

　　1　保護者の支援ニーズをいかに理解するか　29

　　2　保護者との信頼関係の形成に必要な態度・基本的な姿勢　35

　　3　保護者との信頼関係の形成に必要な知識・技術　39

　　4　本章のまとめ　44

第4章　子ども・保護者が多様な他者と関わる機会・場の提供…46

　　1　子育てを支援する社会資源の理解　46

iii

2 子ども・子育て支援新制度による地域の子育て支援サービス　52

3 保育所等への入所に関する保育者の関わり　56

4 本章のまとめ　57

第Ⅱ部　保育者の子育て支援の展開

第5章　子ども・保護者の状況・状態の把握と養育力向上 ………… 60

1 子ども及び保護者の状況・状態の理解　60

2 保護者の養育力向上　67

3 本章のまとめ　73

第6章　子育て支援の計画と環境の構成 ……………………………… 75

1 子育て支援の計画　75

2 子育て支援における「環境」　84

3 本章のまとめ　89

第7章　支援の実践・記録・評価 ………………………………………… 91

1 子育て支援の展開　91

2 記録の必要性と方法　97

3 評価の必要性と方法　105

4 本章のまとめ　107

第8章　職員間・関係機関との連携・協働 ………………………… 110

1 職員間の連携・協働　110

2 関係機関との連携・協働　114

3 本章のまとめ　117

目　次

第Ⅲ部　事例で見る保育者の子育て支援

第9章　保育所等を利用している保護者への支援……………………120

1　親同士のネットワークづくりと子育てへのアドバイス　120

2　子どもを「かわいい」と思い続けられる環境の構築　124

3　多様な勤務形態を踏まえた関わり　128

4　本章のまとめ　130

第10章　地域の保護者への支援………………………………………132

1　園庭開放を初めて利用した親子への関わり　132

2　子育て広場を利用する親子への関わり　136

3　本章のまとめ　142

第11章　障害・発達上の課題のある子どもと
その保護者への支援……………………………………145

1　配慮が必要な子どもへの保育と保護者支援　145

2　保護者との子ども理解の共有と地方自治体・関係機関・
専門職との連携・協働　153

3　本章のまとめ　156

第12章　精神障害のある保護者・外国籍である
保護者への支援…………………………………………158

1　精神障害のある保護者への支援　159

2　外国籍である保護者への支援　164

3　本章のまとめ　169

第13章　不適切な養育・虐待が疑われる家庭への支援……………172

1　育児不安を抱え孤立した母親への支援　172

2　虐待の可能性がある親への支援　179

v

3 本章のまとめ　188

第14章　多様な支援ニーズを抱える子育て家庭への支援 ………… 191

1 中学校担任との協働による弟たちの保育所への入所　191

2 保護者からの SOS に基づく保護者間トラブルの予防　196

3 保護者からの度重なる苦情への対応　200

4 保育所・地域の連携による母親の再犯防止の見守りと
親子関係の改善　203

5 本章のまとめ　206

第15章　保育者養成校による支援 ……………………………………… 209

1 実習で自信をなくした学生の子育て広場への参加　209

2 学生がチームとなって主体的に取り組む子育て支援活動　214

3 本章のまとめ　219

あとがき
索　引

第Ⅰ部　保育者の子育て支援の特性

第1章	保育実践における子育て支援

--- 学びのポイント ---

　本章では，まず最初に子育て支援施策の変遷や子育て家庭をとりまく社会の状況を記している。子育て家庭がおかれている現状を理解した上で保育実践を行ってほしいからである。また，子育て支援の法的な根拠や「保育所保育指針」「幼稚園教育要領」「幼保連携型認定こども園教育・保育要領」（以下，指針・要領）に記載されている子育て支援の内容を示している。保育所，幼稚園，幼保連携型認定こども園の内容を比較検討することで学びを深めてほしい。さらに，保育所における子育て支援の基本的事項や具体的な支援内容を示しており，保育者が担う子育て支援の基礎となる事項を理解することができる。

　① 子育て支援施策の変遷や子育て家庭をとりまく社会の状況を理解する。
　② 子育て支援の法的な根拠や指針・要領に記載されている内容を比較検討しながら理解する。
　③ 「保育所保育指針」に示されている子育て支援の基本的事項を理解する。
　④ 「保育所保育指針」に示されている保育所を利用している保護者に対する子育て支援，地域の保護者等に対する子育て支援の内容を理解する。

1 子育て家庭を取り巻く社会の状況

　ここでまず，日本の「子育て支援」施策の変遷や子育て家庭をとりまく社会の状況を俯瞰的に見ていきたい。少子化対策として始まった日本の「子育て支援」に関連する施策は，働き方改革，子育ての環境整備，教育の環境整備といった拡がりを見せ，社会全体で子育てを担うことが目指されている。他方，実際の子育て環境に注目すると，児童虐待や子どもの貧困など社会的課題が顕在化している。必ずしも子育てしやすい社会になっているとは言えない現状が

ある。このような社会状況だからこそ，子どもの最善の利益を第1に考え，社会全体で子どもの共育（共に育てる・育ち合う）を進めていくことが重要であるといえる。

（1）「子育て支援」の取り組みの変遷

1）少子化対策から次世代育成としての子育て支援

図1-1に示したように日本で「子育て支援」という言葉が使われ始めたのは，1990年代の少子化対策としてであった。この頃の「子育て支援」の特徴は，少子化対策として保育サービスを拡大させること，特に女性の仕事と子育ての両立を支援していくことが中心的な課題であった。しかし，問題として浮かび上がってきたことは，働いている親に支援が偏り，保育サービスを充実させれば少子化が改善するという取り組みの限界が示されたことだった。

その後，次世代を担う子どもの健全な育ちへの支援，すべての子育て家庭が子育てに伴う喜びを実感するため，社会全体で子育てを支援していく理念を掲げた「次世代育成支援対策推進法」（2003〔平成15〕年）が制定された。そして新たな子育て支援対策の具体的実施計画として，「子ども・子育て応援プラン」（2005〔平成17〕～2009〔平成21〕年）がまとめられた。このプランの重点課題は，①若者の自立とたくましい子どもの育ち，②仕事と家庭の両立支援と働き方の見直し，③生命の大切さ，家庭の役割等についての理解，④子育ての新たな支え合いと連携，であった。

2）子ども・子育て支援新制度からその後の施策

「子ども・子育て応援プラン」を引き継ぐかたちで，子どもと子育てを応援する社会の実現に向けて，2010（平成22）年度から2014（平成26）年度までの5年間で目指すべき施策内容と数値目標を盛り込んだ「子ども・子育てビジョン」が策定された（2010〔平成22〕年1月29日閣議決定）。また，新たな次世代育成支援のための包括的・一元的な制度の構築を目指して，2012（平成24）年に「子ども・子育て支援法」及び関連法案が成立した。これら子ども・子育て関連三法に基づく新たな子ども・子育て支援制度では，「保護者が子育てについ

第Ⅰ部　保育者の子育て支援の特性

図1-1　少子化・子育て支援対策のこれまでの取り組み

1990	〈1.57ショック〉
1994年12月	エンゼルプラン ＋ 緊急保育対策等5か年事業
1999年12月	少子化対策推進基本方針
1999年12月	新エンゼルプラン
2001年7月 2002年9月	仕事と子育ての両立支援等の方針 （待機児童ゼロ作戦等）　　少子化対策プラスワン
2003年7月 　　　9月	少子化社会対策基本法　　次世代育成支援対策推進法
2004年6月	少子化社会対策大綱
2004年12月 2005年4月	子ども・子育て応援プラン　　地方公共団体，企業等における行動計画の策定・実施
2006年6月	新しい少子化対策について
2007年12月	「子どもと家族を応援する日本」重点戦略　　仕事と生活の調和（ワーク・ライフ・バランス）憲章 仕事と生活の調和推進のための行動指針
2008年2月	「新待機児童ゼロ作戦」について
2010年1月	子ども・子育てビジョン　　子ども・子育て新システム検討会議
2010年11月	待機児童解消「先取り」プロジェクト
2012年3月	子ども・子育て新システムの基本制度について
2012年8月	子ども・子育て支援法等子ども・子育て関連3法
2013年4月	待機児童解消加速化プラン
2013年6月	少子化危機突破のための緊急対策
2014年11月	まち・ひと・しごと創生法
2014年12月	長期ビジョン・総合戦略
2015年3月	少子化社会対策大綱
2015年4月	子ども・子育て支援新制度本格施行　　次世代育成支援対策推進法延長
2016年4月	子ども・子育て支援法改正
2016年6月	ニッポン一億総活躍プラン
2017年3月 2017年6月	子育て安心プラン　　働き方改革実行計画
2017年12月	新しい経済政策パッケージ

凡例：■法　律　□閣議決定　□少子化社会対策会議決定　■上記以外の決定等

出所：内閣府『少子化社会対策白書 平成30年版』を基に筆者作成。

ての第一義的責任を有する」という基本的な認識の下に，幼児期の教育・保育，地域の子ども・子育て支援を総合的に推進することが示された。そして，①認定こども園，幼稚園，保育所を通じた共通の給付（「施設型給付」）及び小規模保育等への給付（「地域型保育給付」）の創設，②幼保連携型認定こども園制度の改善，③地域の実情に応じた子ども・子育て支援の充実，が盛り込まれ，2015（平成27）年4月1日から施行された。

　また，2013（平成25）年には都市部を中心とした深刻な待機児童問題を解決するため，2013年度から2017（平成29）年度末までに約40万人分の保育の受け皿を確保することを目標とした「待機児童解消加速度プラン」が策定された。2016（平成28）年6月には「ニッポン一億総活躍プラン」が取りまとめられ，「希望出生率1.8」の実現に向け，働き方改革，保育の受け皿整備，保育士の待遇改善，放課後児童クラブの整備といった子育ての環境整備，すべての子ども希望する教育を受けられる環境の整備などに関して，2016年度から2025年度の10年間のロードマップが示されている。

（2）　児童虐待と子どもの貧困

1）子育ての孤立化と児童虐待

　図1-2に示したように日本の合計特殊出生率は，諸外国と比べると低い水準にとどまり，出生数は2016（平成28）年，2017（平成29）年と100万人以下となり，減少が続いてしている。子どもの数が少ない少子社会では，核家族化や地域とのつながりが希薄になりがちであり，本来，協力しながら行っていく子育てが，親だけでその役割を担っている場合が多くなっている。子育ての悩みを誰にも相談できず孤立したり，イライラして子どもに当たってしまうなど，以前より親の育児不安や児童虐待が社会問題となっている。図1-3に示したように児童相談所での児童虐待相談対応件数も年々増加している。

2）子どもの貧困

　日本において貧困問題が一般的に認知されたのは，2000年代になってからといえる。OECD（経済協力開発機構）が2006（平成18）年に発表した報告によれ

第Ⅰ部　保育者の子育て支援の特性

図1-2　出生数及び合計特殊出生率の年次推移

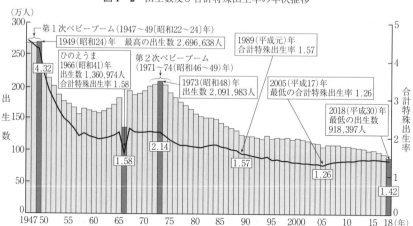

出所：厚生労働省「人口動態統計」。

図1-3　児童相談所での児童虐待相談対応件数とその推移

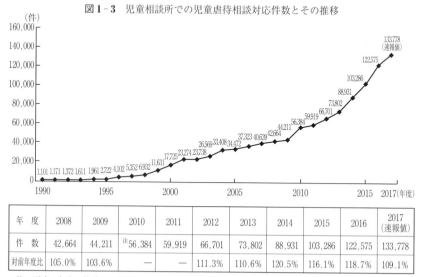

年　度	2008	2009	2010	2011	2012	2013	2014	2015	2016	2017 (速報値)
件　数	42,664	44,211	注56,384	59,919	66,701	73,802	88,931	103,286	122,575	133,778
対前年度比	105.0%	103.6%	―	―	111.3%	110.6%	120.5%	116.1%	118.7%	109.1%

注：平成22年度の件数は，東日本大震災の影響により，福島県を除いて集計した数値。
出所：厚生労働省「平成29年度児童虐待対応件数（速報値）」（https://www.mhlw.go.jp/content/11901000/000348313.pdf）を筆者修正。

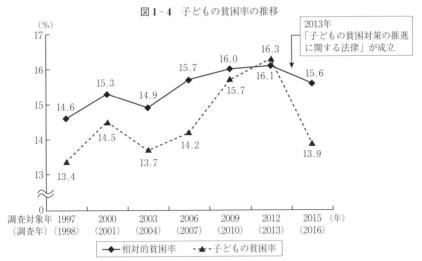

図1-4 子どもの貧困率の推移

出所：厚生労働省「国民生活基礎調査」を基に筆者作成。

ば，日本の「相対的貧困率」は，OECD加盟国のうち適切な統計が得られている17カ国中，アメリカに次いで2番に高いことが示された。

子どもの貧困に関しても近年社会的や注目が特に集まっている。図1-4に示したように「子どもの貧困率」は，2000年前半から10年で著しい増加が見られた。2015（平成27）年の統計では減少傾向にはあるが，まだまだ高い水準といえる。減少している要因としては，2013（平成25）年6月に成立した「子どもの貧困対策の推進に関する法律」による子どもが健やかに育成されるための環境整備，さらには，地域の自治体やボランティア等が「子どもの居場所づくり」や「子ども食堂」等の活動を地道に行っている成果などが考えられる。他方で，図1-5に示したように，日本ではひとり親家庭，特に母子世帯の生活保護受給率や相対的貧困率が著しく高いといった問題があり，早急な対策が必要と考えられる。

子どもの貧困でより深刻な問題は，「経済の貧困」よりも「関係の貧困」ではないだろうか（図1-6）。貧困家庭では，親子の会話（コミュニケーション）が乏しい傾向が見られたり，意欲や自己肯定感の低下といった関係の貧困を引

第Ⅰ部　保育者の子育て支援の特性

図1-5　ひとり親家庭の現状

	母子世帯	父子世帯	全世帯
子どもの進学率	高校等：96.3% 大学等：41.9% （大学・専修学校等：58.5%）		高校等：98.9% 大学等：52.1% （大学・専修学校等：73.2%）
生活保護受給率	11.2%	9.3%	3.18%
ひとり親家庭の相対的貧困率	50.8%（2015年）	大人が2人以上いる世帯の相対的貧困率	10.7%（2015年）

出所：母子世帯，父子世帯は「平成28年度全国母子世帯等調査」，全世帯の進学率は「平成28年度学校基本調査」，全世帯の生活保護受給率は「平成27年度被保護者調査」「平成27年国民生活基礎調査」より算出。相対的貧困率は「平成28年国民生活基礎調査」。

図1-6　経済の貧困と関係の貧困との関連

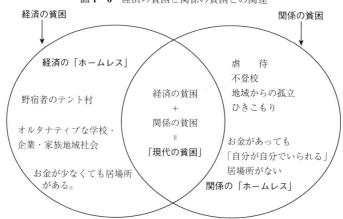

出所：宇都宮健児・湯浅誠編著『反貧困の学校』明石書店，2008年，51頁を一部改変。

き起こすといった問題も報告されている。経済の貧困と関係の貧困が同時に生じていることが現代の貧困の特徴であり，子どもの健やか育ちのためには，関係の貧困への対策も忘れてはならない。

（3）　今求められる社会全体での共育（共に育てる・育ち合う）

近年，日本においても「インクルージョン」(4)という言葉がよく使われるようになっている。社会には，障害や発達上の課題がある子ども，外国籍家庭や外国にルーツをもつ家庭，ひとり親家庭，貧困家庭など，さまざまな子どもや家

第1章　保育実践における子育て支援

表1-1　子育て支援の法的な根拠

保育所	幼稚園	幼保連携型認定こども園
児童福祉法　第18条の4 この法律で，保育士とは，第18条の18第1項の登録を受け，保育士の名称を用いて，専門的知識及び技術をもって，児童の保育及び児童の保護者に対する保育に関する指導を行うことを業とする者をいう。	学校基本法　第24条 幼稚園においては，第22条に規定する目的を実現するための教育を行うほか，幼児期の教育に関する各般の問題につき，保護者及び地域住民その他の関係者からの相談に応じ，必要な情報の提供及び助言を行うなど，家庭及び地域における幼児期の教育の支援に努めるものとする。	認定こども園法　第2条7 この法律において「幼保連携型認定こども園」とは，義務教育及びその後の教育の基礎を培うものとしての満三歳以上の子どもに対する教育並びに保育を必要とする子どもに対する保育を一体的に行い，これらの子どもの健やかな成長が図られるよう適当な環境を与えて，その心身の発達を助長するとともに，保護者に対する子育ての支援を行うことを目的として，この法律の定めるところにより設置される施設をいう。
➡子育て支援を行うことは保育士の法律で定められた業務となっている。	➡子育て支援を行うことは幼稚園の努力義務となっている。	➡幼保連携型認定こども園は，子育て支援を行うことを設置の目的としている。

出所：児童福祉法・学校基本法，認定こども園法を基に筆者作成。

庭が存在する。だからこそ，誰もが相互に人格と個性を尊重し支え合い，人々の多様なあり方を認め合う「インクルージョン」の考え方が重要となる。子育て支援の場においても，多様な子どもや家庭が排除されることなくインクルージョン（参加・包容）され，共に育つ，育ち合うことを目指す実践がますます求められている。

2　保育実践における子育て支援

（1）　子育て支援の法的な根拠

　表1-1は，日本の代表的な三つの施設における子育て支援の法的な根拠をまとめたものである。保育士は，児童の保護者に対する保育に関する指導を行うことが業務として定められている。また，幼保連携型認定こども園においても，施設として保護者に対する子育て支援を行うことが法的に定められている。幼稚園においては，現在は努力義務となっているが，家庭と連携して保育を行うことの重要性が示されている。

9

第Ⅰ部　保育者の子育て支援の特性

表1-2　指針・要領に記載されている子育て支援の内容

「保育所保育指針」	「幼稚園教育要領」	「幼保連携型認定こども園教育・保育要領」
第4章子育て支援では，以下の内容が記されている。 「保育所における保護者に対する子育て支援は，全ての子どもの健やかな育ちを実現することができるよう，第1章及び第2章等の関連する事項を踏まえ，子どもの育ちを家庭と連携して支援していくとともに，保護者及び地域が有する子育てを自ら実践する力の向上に資するよう，次の事項に留意するもの」とされ，以下の事項が記されている。 2　保育所を利用している保護者に対する子育て支援 (1)　保護者との相互理解 (2)　保護者の状況に配慮した個別の支援 (3)　不適切な養育等が疑われる家庭への支援 3　地域の保護者等に対する子育て支援 (1)　地域に開かれた子育て支援 (2)　地域の関係機関等との連携	第3章教育課程に係る教育時間の終了後等に行う教育活動などの留意事項の2では，以下の内容が記されている。 幼稚園の運営に当たっては，子育ての支援のために保護者や地域の人々に機能や施設を開放して，園内体制の整備や関係機関との連携及び協力に配慮しつつ，幼児期の教育に関する相談に応じたり，情報を提供したり，幼児と保護者との登園を受け入れたり，保護者同士の交流の機会を提供したりするなど，幼稚園と家庭が一体となって幼児と関わる取組を進め，地域における幼児期の教育のセンターとしての役割を果たすよう努めるものとする。その際，心理や保健の専門家，地域の子育て経験者等と連携・協働しながら取り組むよう配慮するものとする。	第4章子育て支援では，第1子育ての支援全般に関わる事項で，以下の内容が記されている。 1　保護者に対する子育ての支援を行う際には，各地域や家庭の実態等を踏まえるとともに，保護者の気持ちを受け止め，相互の信頼関係を基本に，保護者の自己決定を尊重すること。 2　教育及び保育並びに子育ての支援に関する知識や技術など，保育教諭等の専門性や，園児が常に存在する環境など，幼保連携型認定こども園の特性を生かし，保護者が子どもの成長に気付き子育ての喜びを感じられるように努めること。 3　保護者に対する子育ての支援における地域の関係機関等との連携及び協働を図り，園全体の体制構築に努めること。 4　子どもの利益に反しない限りにおいて，保護者や子どものプライバシーを保護し，知り得た事柄の秘密を保持すること。

出所：「保育所保育指針」「幼稚園教育要領」「幼保連携型認定こども園教育・保育要領」を基に筆者作成。

（2）　指針や要領に記載されている子育て支援の内容

　表1-2は，指針・要領において記載されている子育て支援の内容をまとめたものである。共通している点は，園を利用している保護者に対する支援と，地域の保護者等に対する支援に分けて書かれていることである。また，保護者との相互理解や信頼関係を基盤とした支援を行うことや，園だけの支援ではなく，地域の関係機関等と連携して支援に努めることなども共通している。

3　保育所における子育て支援

（1）　子育て支援の基本的事項

「保育所保育指針」では，第4章「子育て支援」において保育所における子育て支援に関する基本的事項が，次のように記載されている。

　1．保育所における子育て支援に関する基本的事項
　⑴　保育所の特性を生かした子育て支援
　　ア　保護者に対する子育て支援を行う際には，各地域や家庭の実態等を踏まえるとともに，保護者の気持ちを受け止め，相互の信頼関係を基本に，保護者の自己決定を尊重すること。
　　イ　保育及び子育てに関する知識や技術など，保育士等の専門性や，子どもが常に存在する環境など，保育所の特性を生かし，保護者が子どもの成長に気付き子育ての喜びを感じられるように努めること。
　⑵　子育て支援に関して留意すべき事項
　　ア　保護者に対する子育て支援における地域の関係機関等との連携及び協働を図り，保育所全体の体制構築に努めること。
　　イ　子どもの利益に反しない限りにおいて，保護者や子どものプライバシーを保護し，知り得た事柄の秘密を保持すること。

　上記の基本的内容をふまえつつ，園や保育者が行う子育て支援の特徴を挙げたい。
　①　子育て支援にふさわしい環境
「保育所保育指針解説」には，「保育所は，日々子どもが通う施設であることから，継続的に子どもの発達の援助及び保護者に対する子育て支援を行うことができる」とある。保育所には保育士や看護師，栄養士等の専門性を有する職員が配置されている。幼稚園や認定こども園においても保育および子育て支援の

第Ⅰ部　保育者の子育て支援の特性

専門性を有する職員が配置されている。すなわち，子どもや保育者等の人的環境，さらには，子育て支援活動に適した物的・空間的環境が園には整っているといえる。これらの環境を通した支援が行えることが園や保育者の強みである。

②　子育てのパートナーとしての保育者

近年，保護者の養育力の低下や子育ての孤立化が指摘されている。子育ては親だけでできるものではなく，社会全体での共育が必要なことは先にも述べた。では，だれが親の子育てのパートナーになりえるだろうか。その役割を担えるのが保育者であろう。保育者は，日々の子どもの生活に長時間関わり，子どもや子育てに関する知識や技術を持っている。このような保育者だからこそ，子育てのパートナーとして子どもの成長を共に喜び合える存在になりえるのだといえる。

③　他機関とのネットワークの形成

園にはさまざまな親子が入所していて，抱えている課題（例えば，障がいや虐待，貧困，病気などの課題）も多様である。園のスタッフや資源だけでは対応できないケースも多い。さらに保育者には，園に入所していない地域の保護者等に対しても子育て支援を行うことが求められている。このように地域に開かれた支援が求められる中，園だけの閉じた支援だけではなく，福祉，医療，教育，行政のさまざまな専門機関や関係機関と連携することが求められる。保育者がソーシャルワークの知識や技術を活用し，支援のネットワークを形成する役割を果たすことが期待されている。

（2）　保育所を利用している保護者に対する子育て支援

「保育所保育指針」では，保育所を利用している保護者に対する子育て支援の内容が，次のように示されている。

　（1）　保護者との相互理解

　　　ア　日常の保育に関連した様々な機会を活用し子どもの日々の様子の伝達や収集，保育所保育の意図の説明などを通じて，保護者との相互理

第1章　保育実践における子育て支援

　　　解を図るよう努めること。

　　イ　保育の活動に対する保護者の積極的な参加は，保護者の子育てを自
　　　ら実践する力の向上に寄与することから，これを促すこと。

　(2)　保護者の状況に配慮した個別の支援

　　ア　保護者の就労と子育ての両立等を支援するため，保護者の多様化し
　　　た保育の需要に応じ，病児保育事業など多様な事業を実施する場合に
　　　は，保護者の状況に配慮するとともに，子どもの福祉が尊重されるよ
　　　う努め，子どもの生活の連続性を考慮すること。

　　イ　子どもに障害や発達上の課題が見られる場合には，市町村や関係機
　　　関と連携及び協力を図りつつ，保護者に対する個別の支援を行うよう
　　　努めること。

　　ウ　外国籍家庭など，特別な配慮を必要とする家庭の場合には，状況等
　　　に応じて個別の支援を行うよう努めること。

　(3)　不適切な養育等が疑われる家庭への支援

　　ア　保護者に育児不安等が見られる場合には，保護者の希望に応じて個
　　　別の支援を行うよう努めること。

　　イ　保護者に不適切な養育等が疑われる場合には，市町村や関係機関と
　　　連携し，要保護児童対策地域協議会で検討するなど適切な対応を図る
　　　こと。また，虐待が疑われる場合には，速やかに市町村又は児童相談
　　　所に通告し，適切な対応を図ること。

　子育て支援の内容として，保護者との相互理解が重要視されていることがわ
かる。では，保護者との相互理解を図るために園や保育者は，どのような環境
づくりを大切にすべきであろうか。園・保育者ができることを次にまとめる。

　①　園に気軽に立ち寄れる，行事や保育体験などに参加したくなるひらか
　　れた環境をつくる。

　②　連絡ノートや送迎時の対話，園内の掲示といった日々のコミュニケー

第Ⅰ部　保育者の子育て支援の特性

　ションを通して，保育の内容や子どもの様子を知らせる。

③　保護会や保護者の自主的な活動（子育てサークルなど）といった保護者
　同士の交流を促す機会や場をつくる

④　保護者の心情に寄り添いつつ説明，助言を行う。

⑤　保護者の養育力が向上するように，子どもとの遊び方やしつけの仕方
　などを助言したり，見本を示す。

⑥　保護者が園の保育方針や内容に意見を言える機会や場をつくる。

　ここまでは園や保育者の基本的事項を述べたが，一方で保護者が受け身の存在になってはならない。例えば，わが子のためにより良い家庭環境を考える，園の参観日や行事に積極的に参加する，園の保育をより良くするために保育方針や内容に対して意見を言うなどの保護者の参加が重要となる。保育者が教える，保護者がそれに頼るという関係ではない，対等な関係が求められるのである。その意味では，日本ではまだまだ親の園への参加，意見表明が少ないといえる。お互いがひらかれた関係で協力し合い，それぞれの強みが最大限に発揮される連携こそが，子どもたちの育ちを支えるためには必要不可欠である。

（3）　地域の保護者等に対する子育て支援

　「保育所保育指針」では，地域の保護者等に対する子育て支援の内容が，次のように示されている。

(1)　地域に開かれた子育て支援

ア　保育所は，児童福祉法第48条の４の規定に基づき，その行う保育に
　支障がない限りにおいて，地域の実情や当該保育所の体制等を踏まえ，
　地域の保護者等に対して，保育所保育の専門性を生かした子育て支援
　を積極的に行うよう努めること。

イ　地域の子どもに対する一時預かり事業などの活動を行う際には，一
　人一人の子どもの心身の状態などを考慮するとともに，日常の保育と

第1章 保育実践における子育て支援

の関連に配慮するなど，柔軟に活動を展開できるようにすること。
(2) 地域の関係機関等との連携
　ア　市町村の支援を得て，地域の関係機関等との積極的な連携及び協働
　　を図るとともに，子育て支援に関する地域の人材と積極的に連携を図
　　るよう努めること。
　イ　地域の要保護児童への対応など，地域の子どもを巡る諸課題に対し，
　　要保護児童対策地域協議会など関係機関等と連携及び協力して取り組
　　むよう努めること。

1）地域に開かれた子育て支援とは

　地域における子育て支援に関しても，保育の専門性を生かした子育て支援を
行うことが基本となる。それは，生活や遊びに関する具体的な助言を行ったり，
行動見本を示すなどの支援といえる。例えば，園が地域の親子に向けて園庭解
放や子育て講座などを行う中で，食事や排せつなどの基本的生活習慣に関する
ことや遊びを通した子どもとの関わり方などについて具体的に助言することや，
実際に保育者が子どもと関わることで行動見本を示すことが子育て支援となる。
また，地域の実情に応じた子育ての講座などを開催することで，さまざまな家
庭のニーズを理解した支援が可能となる。多様な家庭への理解を積み重ねるこ
とで，さらに地域の実態に即した子育て支援を行うことができるようになると
考えられる。

2）地域の関係機関等との連携

　現在，保護者が抱える問題は複雑で多様化する傾向にある。その際，園だけ
で抱え込むのではなく，専門的な機関で必要に応じた支援を受けることで，子
どもや保護者にとってより良い結果が得られる場合もある。関係機関と連携す
る際には園として次の事柄に配慮する必要がある。

　まず，保育者が連携する関係機関の業務内容や職員構成などをよく理解して
おくことが求められる。子どもの最善の利益の実現や保護者の意向を尊重した
連携には，園と他の機関の役割を明確化することが求められるためである。さ

第Ⅰ部　保育者の子育て支援の特性

らに，連携の際にはプライバシーの保護や個人情報の管理の徹底が挙げられる。連携には個人情報のやりとりがともなうため，原則として保護者の承諾が必要であり，機関の間で共有する情報の範囲や内容，管理する方法を明確に決めておく必要がある。

4　本章のまとめ

　本章では，子育て支援施策の変遷や子育て家庭をとりまく社会の状況を説明した。また，保育者が行う子育て支援として保育の専門性を背景とした支援が求められること，さらには，保護者と保育者との相互理解の重要性を述べた。保育所を利用している保護者や地域の保護者をとりまく状況は多様であるため，保育者が子どもや保護者に寄り添い，共に育てる，育ち合う関係をむすぶことがますます重要となる。

さらに考えてみよう

①　あなた自身が考える「現代の子育て家庭を取り巻く課題」について，具体的に書き出してみよう。

②　書き出した課題について，保育者としてどのような支援ができるか，グループで話し合ってみよう。

③　考えた支援について，演習として保育者役や保護者役，子ども役などに分かれて，保護者との相互理解が図れるような関わりができるようにロールプレイングを行い，その後，お互いに感じたことを話し合ってみよう。

注
(1) 厚生労働省によると児童虐待とは，殴る，蹴る，叩く，投げ落とす，激しく揺さぶるなどといった「身体的虐待」，子どもへの性的行為，性的行為を見せる，ポルノグラフィの被写体にするなどといった「性的虐待」，家に閉じ込める，食事を与えない，

ひどく不潔にする，自動車の中に放置する，重い病気になっても病院に連れて行かないなどといった「ネグレクト」，言葉による脅し，無視，きょうだい間での差別的扱い，子どもの目の前で家族に対して暴力をふるう（DV）などといった「心理的虐待」に分類される。

(2)　相対的貧困は，所得中央値の一定割合（50％が一般的。いわゆる「貧困線」）を下回る所得しか得ていない者の割合。

(3)　子どもの貧困は，子ども全体に占める貧困線に満たない子どもの割合。子どもの場合もその子が属する世帯の可処分所得（収入から税金・社会保険料等を除いたいわゆる手取り収入）を基に計算。

(4)　「インクルージョン」(Inclusion) とは，「排除しない」「どの人も受け入れる」ということを意味し，特に障害者に限定した言葉ではなく，男の人も女の人も，外国の人も自国の人も，少数民族の人も，「色々な人が共に」という意味である（堀智晴・橋本好市編著『障害児保育の理論と実践——インクルーシブ保育の実現に向けて』ミネルヴァ書房，2010年，2頁）。

(5)　児童福祉法第48条の4「保育所は，当該保育所が主として利用される地域の住民に対してその行う保育に関し情報の提供を行い，並びにその行う保育に支障がない限りにおいて，乳児，幼児等の保育に関する相談に応じ，及び助言を行うよう努めなければならない」。

参考文献

宇都宮健児・湯浅誠編著『反貧困の学校』明石書店，2008年。

小原敏郎・橋本好市・三浦主博編著『演習・保育と保護者への支援——保育相談支援』みらい，2016年。

内閣府『少子化社会対策白書　平成30年版』日経印刷，2018年。

堀智晴・橋本好市編著『障害児保育の理論と実践——インクルーシブ保育の実現に向けて』ミネルヴァ書房，2010年。

堀智晴・橋本好市・直島正樹編著『ソーシャルインクルージョンのための障害児保育』ミネルヴァ書房，2014年。

第2章	保育者の専門性と倫理

── 学びのポイント ──

　本章では，まず保育者の役割と専門性として，児童福祉法，「保育所保育指針」に
示されている内容を示している。第1章と合わせて確認してほしい。そして，保育者
に求められる専門的知識・技術・判断，子育て支援に求められる態度・知識・技術の
具体的な内容及び保護者に対する子育て支援の基本的態度について示している。保育
者として，子どもの保育だけでなく，子育て支援のために身につけておくべき内容や
基本的態度について理解してほしい。さらに，保育者に求められる倫理や，子どもの
権利，子どもの最善の利益，子どもの権利を擁護するための取り組みについての内容
を示している。いずれも保育や子育て支援を行う上で重要な内容であるため，十分に
理解を深めてほしい。

　　①　保育者の専門的知識・技術・態度について理解する。
　　②　保護者に対する子育て支援の基本的態度について理解する。
　　③　保育者に求められる倫理について理解する。
　　④　子どもの最善の利益を考慮し，子どもの権利を守っていくための取り組みに
　　　ついて理解する。

1　保育者の専門性

（1）　保育者の役割と専門性

1）子どもの保育と子育て支援

　児童福祉法第18条の4に示されているように，保育士の専門性は2つあり，
一つは「子どもの保育」であり，もう一つは「子育て支援」である（第1章参
照）。

　また，「保育所保育指針」第1章総則において，保育士の専門性は「保育所

における保育士は，児童福祉法第18条の４の規定を踏まえ，保育所の役割及び機能が適切に発揮されるように，倫理観に裏づけられた専門的知識，技術及び判断をもって，子どもを保育するとともに，子どもの保護者に対する保育に関する指導を行うもの」と規定されている。保育士は，子どもの保育や家庭での子育ての支援に関する専門職として，保育所保育の中核的な役割を担っていることがわかる。

　なお，児童福祉法で言われている「保護者に対する保育に関する指導（保育指導）」については，「保護者が支援を求めている子育ての問題や課題に対して，保護者の気持ちを受け止めつつ行われる，子育てに関する相談，助言，行動見本の提示その他の援助業務の総体」であると「保育所保育指針解説」第４章子育て支援に示されている。

２）保育者に求められる専門的知識・技術・判断

　「保育所保育指針解説」第１章総則においては，保育所の保育士に求められる主要な知識及び技術として，次の６点が挙げられている。

① これからの社会に求められる資質を踏まえながら，乳幼児期の子どもの発達に関する専門的知識を基に子どもの育ちを見通し，一人一人の子どもの発達を援助する知識及び技術

② 子どもの発達過程や意欲を踏まえ，子ども自らが生活していく力を細やかに助ける生活援助の知識・技術

③ 保育所内外の空間や様々な設備，遊具，素材等の物的環境，自然環境や人的環境を生かし，保育の環境を構成していく知識及び技術

④ 子どもの経験や興味や関心に応じて，様々な遊びを豊かに展開していくための知識及び技術

⑤ 子ども同士の関わりや子どもと保護者の関わりなどを見守り，その気持ちに寄り添いながら適宜必要な援助をしていく関係構築の知識及び技術

⑥ 保護者等への相談，助言に関する知識及び技術

第Ⅰ部　保育者の子育て支援の特性

このような専門的な「知識」や「技術」を，状況に応じた「判断」の下で適切かつ柔軟に用いながら，保育士は子どもの保育と保護者に対する子育て支援を行っていくことが求められている。そして，これらの「知識」や「技術」及び「判断」は，「子どもの最善の利益」を尊重することをはじめとした児童福祉の理念に基づく「倫理観」（本章第2節参照）に裏づけられたものでなくてはならないのである。

3）子育て支援に求められる態度・知識・技術

前述した6つの保育士の専門性のうち，特に⑤と⑥が保護者に対する子育て支援に該当しているが，ここで求められる態度・知識・技術とは具体的にはどのようなことが考えられるだろうか。まず，保護者と関わる際の基礎・基盤となる態度や姿勢である「保育者としての基礎力」としては，例えば，次のようなことが挙げられる[4]。

① 　親子との関係構築（第5章参照）

保護者と笑顔であいさつや受け答えをすることや親子と一緒に遊びや活動を楽しむことができる。保護者と一緒に活動することにやりがいを感じられる。

② 　保育者同士や他職種との連携（第8章参照）

スタッフの間で関わり方や環境構成についての相談ができ，スタッフ間で役割を分担し協力して活動を行う。

③ 　自ら活動をふりかえり，学ぼうとする姿勢（第7章参照）

実践の中で学ぶ姿勢をもち，自分の活動をふりかえることから気づきを得られる。ふりかえりから得られた自己評価や他者評価を次の活動に活かす。

また，「保護者に対する子育て支援に関する知識・技術」として，例えば，次に示すようなことが挙げられる[5]。

① 　観察等から，保護者の人柄や考え方，親子を取りまく状況等を理解する。

② 　保護者の抱えている課題等を読み取り，今後必要となる支援を考案する。

第2章　保育者の専門性と倫理

③　保護者の思いや気持ちを受容し，共感する。

④　保護者の思いや気持ちを代弁する。

⑤　子どもへの言葉かけや接し方などの具体的なかかわり方を提案する。

⑥　保育や子ども理解を促す環境を構成する（第6章参照）。

⑦　保護者に子育てに関する情報を提供する。

⑧　保育の内容や方針，園の生活の流れ，保育の意図や目的を説明する。

⑨　子どもへの言葉かけや接し方の見本を保護者の前で示す。

　このように，保護者に対する子育て支援を行うためには，ソーシャルワークやカウンセリング（第3章参照）を基にしたさまざまな知識・技術を用いることが考えられる。また，保護者が抱える子育て支援に関する悩みや不安などは一人ひとり異なることから，保護者の状況に応じて臨機応変に対応していくことも必要である。

（2）　保護者に対する子育て支援の基本的態度
——受容・保護者の自己決定の尊重

　「保育所保育指針」第4章子育て支援では，「保護者に対する子育て支援の基本的態度」として，特に，保護者の「受容」と，「自己決定の尊重」が示されている[6]（第1章参照）。

　子育て支援を行うにあたり，まず重要なことは一人一人の保護者の思いを尊重し，ありのままを受け止める「受容」の態度であり，適切な支援を行っていくためにも，保護者の気持ちに寄り添って関わっていくことが必要なのである。また，その過程では，保護者自身が選択，決定していくことができるように支援していくことも重要である。

　保護者が安心して話をすることができ，プライバシーの保護や守秘義務を前提として，保育者が保護者を受容し，その自己決定を尊重するプロセスを通じて，信頼関係が形成されていくことになる。

第Ⅰ部　保育者の子育て支援の特性

2　保育者に求められる倫理

（1）　保育者に求められる倫理

1）倫理観に裏づけられた専門性

前節で述べたように，保育者の専門性（専門的知識・技術・判断）は，「倫理観」に裏づけられたものでなくてはならない。

「保育所保育指針」第5章職員の資質向上では，保育所職員に求められる専門性として「子どもの最善の利益を考慮し，人権に配慮した保育を行うためには，職員一人一人の倫理観，人間性並びに保育所職員としての職務及び責任の理解と自覚が基盤となる」と記載されている。[7]

保育者は，その言動が子どもや保護者に大きな影響を与えるため，特に高い「倫理観」が求められている。「倫理」とは，法的拘束力はないが，社会生活を送る上での一般的な決まりごとであり，ここでは，保育者が専門職としてもっている信念（大切にしていること）を基に，より良い保育を行うための決まり事と捉えることができる。保育者の専門性（知識，技能，判断）及び人間性は，日々の保育の中での保育者の言動を通して表れるものであり，これらの専門性や人間性が，高い「倫理観」に裏づけられたものであることによって，子どもや保護者に対する援助が十分な意味や働きを持つのである。

2）保育者に求められる倫理の内容

保育者に求められる倫理については，例えば保育士が守るべきものとして，児童福祉法に規定されている「信用失墜行為の禁止」（第18条の21）や「秘密保持義務（守秘義務）」（第18条の22）が挙げられる。

また多くの専門職団体は，それぞれの専門性を踏まえた「倫理綱領」を定めており，全国保育士会は，「全国保育士会倫理綱領」を定めている（表2-1）。保育のさらなる質の向上を目指して，保育士に期待される「人間性」や「倫理観」などについて，保育士団体が自らまとめたものである。

この倫理綱領では，「子どもの最善の利益の尊重」「保護者との協力」「プラ

第2章　保育者の専門性と倫理

表2-1　全国保育士会倫理綱領

　すべての子どもは，豊かな愛情のなかで心身ともに健やかに育てられ，自ら伸びていく無限の可能性を持っています。
　私たちは，子どもが現在（いま）を幸せに生活し，未来（あす）を生きる力を育てる保育の仕事に誇りと責任をもって，自らの人間性と専門性の向上に努め，一人ひとりの子どもを心から尊重し，次のことを行います。

　　　　私たちは，子どもの育ちを支えます。
　　　　　私たちは，保護者の子育てを支えます。
　　　　　私たちは，子どもと子育てにやさしい社会をつくります。

（子どもの最善の利益の尊重）
1．私たちは，一人ひとりの子どもの最善の利益を第一に考え，保育を通してその福祉を積極的に増進するよう努めます。

（子どもの発達保障）
2．私たちは，養護と教育が一体となった保育を通して，一人ひとりの子どもが心身ともに健康，安全で情緒の安定した生活ができる環境を用意し，生きる喜びと力を育むことを基本として，その健やかな育ちを支えます。

（保護者との協力）
3．私たちは，子どもと保護者のおかれた状況や意向を受けとめ，保護者とより良い協力関係を築きながら，子どもの育ちや子育てを支えます。

（プライバシーの保護）
4．私たちは，一人ひとりのプライバシーを保護するため，保育を通して知り得た個人の情報や秘密を守ります。

（チームワークと自己評価）
5．私たちは，職場におけるチームワークや，関係する他の専門機関との連携を大切にします。
　　また，自らの行う保育について，常に子どもの視点に立って自己評価を行い，保育の質の向上を図ります。

（利用者の代弁）
6．私たちは，日々の保育や子育て支援の活動を通して子どものニーズを受けとめ，子どもの立場に立ってそれを代弁します。
　　また，子育てをしているすべての保護者のニーズを受けとめ，それを代弁していくことも重要な役割と考え，行動します。

（地域の子育て支援）
7．私たちは，地域の人々や関係機関とともに子育てを支援し，そのネットワークにより，地域で子どもを育てる環境づくりに努めます。

（専門職としての責務）
8．私たちは，研修や自己研鑽を通して，常に自らの人間性と専門性の向上に努め，専門職としての責務を果たします。

　　　　　　　　　　　　　　　　　　　　社会福祉法人　全国社会福祉協議会
　　　　　　　　　　　　　　　　　　　　　　　　　　　全国保育協議会
　　　　　　　　　　　　　　　　　　　　　　　　　　　全国保育士会

出所：柏女霊峰監修，全国保育士会編『改訂版全国保育士会倫理綱領ガイドブック』全国社会福祉協議会，
　　　2009年，7頁。

第Ⅰ部　保育者の子育て支援の特性

イバシーの保護」「利用者（子ども・保護者）の代弁」など8項目を掲げている。
これらは，保育者全体で共有すべき内容であると考えられる。

（2）子どもの権利擁護

1）子どもの権利条約

「子どもの権利条約」は，1989年に国連総会で採決され，日本では1994（平成6）年に「児童の権利に関する条約（以下，子どもの権利条約）」として批准している。

この条約は，18歳未満のすべての子どもの人権尊重を謳っており，その最大の意義は「保護される子ども」から「権利主体としての子ども」へと子どもを権利行使の主体として位置づけたことにある。

国連子どもの権利委員会では，「差別の禁止（第2条）」「子どもの最善の利益（第3条）」「生命への権利（第6条）」「意見表明権（第12条）」の4つの原理を条約の原則としている。

2016（平成28）年には，児童福祉法第1条（児童福祉の理念）が法制定以来約70年ぶりに改正され，条文の中に「児童の権利に関する条約」が明記されて，子どもを保護対象から権利の主体へと大きく変えるものになった。

2）子どもの最善の利益

子どもの権利条約第3条の「子どもの最善の利益」という言葉は，2016（平成28）年改正の児童福祉法第2条にも明記され，前述の「保育所保育指針」や全国保育士会倫理綱領においても用いられており，「子どもの最善の利益」を尊重したり考慮したりすることが重視されている。

このことを具体的な保育実践のなかで適切に展開していく際には，大人と比べて圧倒的に弱い立場にある子ども，特に乳幼児にとって，その利益が軽視され，大人の都合や利益が優先されることのないように十分に留意して保育にあたる必要がある。

3）子どもの権利を守るための取り組み

全国保育士会では，「子どもを尊重する」ことや「子どもの人権擁護」につ

第2章　保育者の専門性と倫理

表2-2　人権擁護のためのセルフチェックリスト

No.	一日の流れ	「良くない」と考えられるかかわり	より良いかかわりへのポイント
1	降園時	いつも時間ぎりぎりのお迎えになる子どもに対して，「○○ちゃんのお母さん，今日も遅いね」と言う。	子どもは口には出さなくても，最後のお迎えになることを耐えている場合が多くあります。「大丈夫だよ，先生と一緒に待っていようね」等，子どもの気持ちに寄り添った，温かい言葉がけをしましょう。
2	その他	登園が遅い，服が汚れている，お風呂に入っていない，提出物の遅れ等の際に，子どもに「また○○君のお母さん忘れたの。いつも忘れて困るね」や「昨日お風呂に入れてもらわなかったの」など否定的な言葉がけをする。	子どもや家庭の置かれている現状はさまざまです。保護者を否定されることで，子どもは自身の存在も否定されている気持ちになります。保護者を否定するようなことは，子どもに対して伝えないようにしましょう。
3	その他	いつもぎりぎりの時間にお迎えにくる保護者に「いつもぎりぎりですね」と言ったり，保護者が提出物を忘れた際に「いつも忘れて困ります」と言ったりする。	保護者への支援も，保育者の業務の一つです。保護者に対して，否定的な言葉がけをするべきではありません。一人ひとりの保護者の状況をふまえ，保護者の養育力の向上につながるような関わりを心がけましょう。
4	その他	「お休みの日にどこに行ったかお話して」との問いかけについて，クラスの子どもたち『全員』に発表してもらう。	子どもたちの家庭の経済状況や環境の違いを理解し，子どもの気持ちに配慮した問いかけを心がけましょう。

出所：山縣文治監修，全国保育士会編『保育所・認定こども園等における人権擁護のためのセルフチェックリスト——「子どもを尊重する保育」のために』2018年，7頁を一部改変。

いて意識を高め，保育の振り返りを行うために，「人権擁護のためのセルフチェックリスト」を作成している。

　このチェックリストでは，子どもの権利条約と「保育所保育指針」「幼保連携型認定こども園教育・保育要領」を基に，良くないと考えられる関わりとして次の5つのカテゴリーに分けて，保育場面での具体的な事例を挙げ，それに対応したより良い関わりへのポイントを示している。

　①　子ども一人ひとりの人格を尊重しないかかわり
　②　物事を強要するようなかかわり・脅迫的な言葉がけ

第Ⅰ部　保育者の子育て支援の特性

③　罰を与える・乱暴なかかわり

④　一人ひとりの子どもの育ちや家庭環境を考慮しないかかわり

⑤　差別的なかかわり

　表2-2には，保護者に対する子育て支援に関わる「④一人ひとりの子ども
の育ちや家庭環境を考慮しないかかわり」を引用して示している。

　子どもの権利を守るということは，子どもが要求するすべてのことを受け入
れることではない。子どもには心身ともに健やかに育成される権利があり，ま
た基本的生活習慣や社会常識など適切に指導される権利もある。子ども一人ひ
とりに関係するすべてのことについて，どうすることがその子どもにとって一
番よいのか，何が「子どもの最善の利益」であるのかを常に考えていかなけれ
ばならない。

3　本章のまとめ

　児童福祉法や「保育所保育指針」に示されている保育者の役割と専門性（専
門的知識・技術・判断）には，「子どもの保育」だけではなく，「保護者に対する
子育て支援」が含まれていた。子どもの保育や子育て支援を実践する際には，
保育者としての高い「倫理観」に裏づけられた「専門性」を持ち，「子どもの
権利」を擁護し，「子どもの最善の利益」を考慮することが不可欠である。保
護者や保育者といった大人の利益や都合が優先されていないかどうかを考え，
まず何よりも子どものために保育や子育て支援を行うという基本姿勢を忘れず
に，日々の保育や子育て支援を行っていくことが重要なのである。

26

第2章　保育者の専門性と倫理

```
┌─── さらに考えてみよう ───────────────────────┐
│
│ ①　「保育者に求められる専門性及び倫理」や「子どもの権利擁護」を
│ 　　基に，実際の保育や子育て支援の際に行うべき行為や，行ってはいけ
│ 　　ない行為（言葉がけやかかわり）について考え，具体的に書き出して
│ 　　みましょう。
│ ②　書き出した具体的な行為（言葉がけやかかわり）について，実習や
│ 　　ボランティア等での保育現場の様子を思い出しながら，子どもや保護
│ 　　者と関わる際の適切な行為と不適切な行為についてグループで話し
│ 　　合ってみましょう。
│
└─────────────────────────────────────┘
```

注

(1) 厚生労働省編『保育所保育指針解説』フレーベル館，2018年，17頁。

(2) 同前書，328頁。

(3) 同前書，17頁。

(4) 橘知里・小原敏郎「保育者の子育て支援力の養成に関する研究——養成段階からの学びの連続性に着目して」『日本家政学会誌』65 (8)，2014年，415-422頁。

(5) 柏女霊峰・橋本真紀編著『保育相談支援』ミネルヴァ書房，2011年，55頁。

(6) 厚生労働省編『保育所保育指針解説』フレーベル館，2018年，329頁。

(7) 同前書，345頁。

(8) 児童福祉法第1条「全て児童は，児童の権利に関する条約の精神にのつとり，適切に養育されること，その生活を保障されること，愛され，保護されること，その心身の健やかな成長及び発達並びにその自立が図られることその他の福祉を等しく保障される権利を有する」。(下線筆者)

(9) 児童福祉法第2条「全て国民は，児童が良好な環境において生まれ，かつ，社会のあらゆる分野において，児童の年齢及び発達の程度に応じて，その意見が尊重され，その最善の利益が優先して考慮され，心身ともに健やかに育成されるよう努めなければならない」。(下線筆者)

(10) 山縣文治監修，全国保育士会編『保育所・認定こども園等における人権擁護のためのセルフチェックリスト——「子どもを尊重する保育」のために』2018年。

参考文献

柏女霊峰・橋本真紀編著『保育相談支援』ミネルヴァ書房，2011年。

第Ⅰ部　保育者の子育て支援の特性

柏女霊峰監修，全国保育士会編『改訂版全国保育士会倫理綱領ガイドブック』全国社会
　　福祉協議会，2009年。
厚生労働省編『保育所保育指針解説』フレーベル館，2018年。
橘知里・小原敏郎「保育者の子育て支援力の養成に関する研究──養成段階からの学び
　　の連続性に着目して」『日本家政学会誌』65（8），2014年，415-422頁。
山縣文治監修，全国保育士会編『保育所・認定こども園等における人権擁護のためのセ
　　ルフチェックリスト──「子どもを尊重する保育」のために〜』2018年。
　　（http://www.z-hoikushikai.com/download.php?new_arrival_document_id=53）

<table>
<tr><td>第３章</td><td>保育者の支援ニーズへの気づきと
多面的な理解
──日常的な関わりを通じた信頼関係の
　　形成のために</td></tr>
</table>

── 学びのポイント ──

　保護者の支援ニーズに気づくためには，日頃から保護者の様子の変化に注意を払わなければならない。また，保護者が保育者に直接相談に訪れた場合は，保護者の抱える問題を詳細にわたって聴き，問題を多面的に理解することが求められる。ここでは，保護者の抱える問題を多面的に理解する方法及びアセスメントツールについて理解していく。保育者が保護者の様子の変化に気づいて支援を行う場合でも，直接相談に来たことにより支援を行う場合でも，保育者と保護者の間に信頼関係がなければ，問題解決には結びついていかない。そこで，保護者と信頼関係を形成するために保育者に必要とされる態度や知識，技術についても学んでいく。

　① 保護者の支援ニーズの把握の仕方について学ぶ。
　② バイスティックの７原則について学ぶ。
　③ 言語的コミュニケーションの技術について学ぶ。

1　保護者の支援ニーズをいかに理解するか

（1）　保護者の抱える問題の発見

　保育士の業務は，子どもを保育するばかりではない。第１・２章でも解説したように，児童福祉法第18条４項に，保育士の業務として保護者に対して子育て支援を行うことが定められている。子育て支援の対象は，保育所に通っている子どもの保護者だけでない。乳児院や児童養護施設，障害児入所施設などの児童福祉施設に入所している子どもの保護者も子育て支援の対象となる。また，地域で生活する子育て家庭の保護者に対しても支援を行うことが求められている。

　保育者が保護者の抱えた問題を発見するケースは大きく２つある。まず，問

第Ⅰ部　保育者の子育て支援の特性

題を抱えた保護者が直接，保育者に支援を求めてくる場合である。ここでは，保護者の話だけでなく，表情や様子（疲れている，イライラしているなど），何度も相談に足を運ぶなどの状況から話に上がらなかった裏で抱えている問題についても感じ取ろうとする態度が必要である。この場合に保護者との間に「ラポール（信頼関係）」が形成されていないと表面的なアドバイスをして終わったり，保護者の抱える問題の限られた部分しか把握できなかったりすることもある。また，保護者の訴えは，相談という形ではなく，苦情という形で表れる場合もあるので留意する必要がある。

　次に保育者が日々の子どもや保護者の様子から問題に気づく場合である。ここからすぐに支援に結び付けるのは難しいので，保育者による「アウトリーチ」が必要となってくる。「アウトリーチ」とは，保育者の側から保護者等に対して行われる支援につなげるための働きかけのことである。アウトリーチの対象となる保護者は，保育者等に対して強い警戒心や不信感を持っていることが多い。その裏には，さまざまな問題を同時に抱え，苦しみながら暮らし続けていることや自分を助けてくれる人が周りに誰もおらず，社会的に孤立している状況などがある。このような状況にいると問題を抱えているにもかかわらず，それを感じなくなっていたり，問題を感じていても誰かに頼ったりできず，一人で苦しんでいることが少なくない。

　保育の現場で，保育者が保護者へアウトリーチする際には，保育者が保護者とどのような関係が結べるかということが，その後の支援に大きな影響を持つ。同時に子どもの生活や成長にも大きな影響を持つことになる。そこで，保育者の目に保護者の言動や態度がどのようなものに映っても，子どもの育ちを共に支えていくパートナーとして，保護者を認める姿勢が求められる。

　保護者の抱える問題を発見したら，問題解決に向けての面接を行う。ここでは，保護者とどのような関係を作れるかということが最も大切なことであり，また保護者の問題解決の動機づけを高める機会でもある。そこで，今後お互いが協力して支援を行うためのラポール（信頼関係）の形成を目指す。ラポールの形成については，後述する。

面接では，保護者の主訴を的確に捉えることが重要になる。主訴とは，簡単に言うと「本人から見た問題や課題の中心」のことである。ここで意識しなければならないことは，情報を持っているのは，保護者だということである。保育者は，保護者から情報をもらうことはできるが，情報量として保護者を上回ることはない。そこで，保育者は保護者の状況を「診断」するのではなく，保護者に保護者が置かれている状況を「教えてもらう」のだということを常に心がけて話を聴くことが重要である。

また，支援する側（保育者）と受ける側（保護者）の関係が常に対等でなければならない。ともすれば，保育の現場では，保育者の立場の方が保護者より優位な立場になってしまうことがある。このような関係を「ワンアップ・ポジション（一つ上の立場)」という。保護者を支援する際は，ラポールに基づいた関係を築き，保護者が自らの力で問題を解決できるようになるまでを支援することが基本であり，保育者が保護者に代わって問題を解決してはいけない。

保護者の抱える問題に対する支援では，保育者と保護者が共に問題解決に向けた作業を行っていくという考え方が必要となってくる。そこで，保護者を「自分自身の問題を解決する力のある人」「これから問題解決に向けて共に頑張っていく人」というように常に信頼し，肯定的に評価する姿勢を持つことが保育者に求められてくる。

では，具体的に保育の現場で保育者はどのように相談や支援を行っていったらよいのだろうか。例えば，保護者が何か困っているとしたら，保育者が相談に乗り，保護者が抱える問題について一緒に考え，必要に応じて関係機関を紹介し，問題を解決するなどがそれにあたるであろう。また，それと同時に保護者の抱える問題の緊急度を判断し，緊急度の高い問題から素早い対応をすることが望まれる。

（2）　保護者の抱える問題の把握

保護者からの話を聴いた後，保育者は保護者の抱える問題や状況の把握を行い，保護者の抱える問題や課題に対して適切な支援を行うため，支援に先立っ

第Ⅰ部　保育者の子育て支援の特性

て調査を行っていく。調査は，保護者の情報を保護者本人や周りの人などから集めて現状を把握するものである。そして，集めた情報をもとに，生活課題の要因について検討し，支援に活かせるであろう社会資源を検討するものである。ここでどのような情報を重視するかによって，その後の支援の方向性は大きく変わる。

　では，支援の際，どのような情報が必要となるか，また，どのような支援が必要になるかを以下にまとめる。

1）主訴を聴く

　保護者の訴えの内容を聴き，自らが抱える課題を保護者がどのように理解しているのかを会話の中から把握する。その上で，今の状態になった経緯を聴きながら，順序立てて整理する。その際，保護者の話を傾聴し，受容する態度が必要となる。

2）現状を確認する

　まず，家族構成や家族や親族の状況などについて聴く。その際，保護者が社会資源を利用している場合，その社会資源を確認する。また，必要なら本人及び家族の成育歴や病歴，障害などについて聴く。その他にも地域住民との関係について，また経済状態などについても聴く。

3）気持ちを聴く

　保護者が抱いている問題に関して，どのような感情や困っている気持ちを持っているかを傾聴する。そして，保護者に怒りや悲しみなどのネガティブな感情も含めて，ありのままの感情や気持ちを表現してもらうことで，保護者の気持ちを共感的に理解するよう努める。

4）守秘義務について再確認する

　保育者だけでは，問題の解決が難しい場合，各機関や施設で情報を共有することの了解を得る。その際，他機関と協働するに当たってどの範囲で情報共有するかを説明し，了解を得る。また，本人に関する情報を周囲から収集することについて了解を得る。

5）保護者の取り組み姿勢を把握する

保護者の課題に対応する力や気持ちなどを確認し，また，保護者に活用可能な社会資源を調べる。

6）真のニーズを把握する

解決すべき課題（ニーズ）は何であるのかよく考えて，問題解決の優先順位などを決めていく。

保護者の抱える問題は，色々な状況が絡み合って大変複雑になっている。その問題や課題を捉えるために「情報収集」が求められる。保護者等に関わる情報は，保護者によって語られるものや関係者から収集されるものがある。また，他機関，他施設から既存の資料や客観的情報から得られるものもある。情報収集に関しては，保護者等の承諾やプライバシーに対する配慮が必要である。特に保護者等が当事者であるからこそ，問題や課題を正確に捉えられない場合がある。ここでニーズを把握していくが，この主訴やニーズは必ずしも一致するとは限らない。

また，保護者の抱える問題は一つではなく，さまざまな状況の中で複数生じていることが一般的である。ここでは，これらの問題を可能な限り見つけ出し，提示する必要がある。また，保護者に関する情報収集を継続的に行っていくことも重要である。その際，子どもも含めた生活や環境の状況等の情報を特に重点的に収集していくことが必要である。そして，それらの情報に総合的に捉え，保護者等の生活の全体の調和や後述するストレングスやエンパワメントの視点などを考慮しながら保護者等の抱える課題の全体像を描き出していく。課題の全体像を把握しやすくするため，マッピングの技法を身に付けておくとよい。保護者等の状況を簡潔な図で表したものがジェノグラムやエコマップと呼ばれるものである。

ジェノグラムは基本的に3世代以上の家族メンバーとその人間関係を盛り込んだ家系図であり，家族関係などを簡単に示すことができる。

エコマップは，保護者を支援するために必要な社会資源とのつながりや保護者とその家族の関係性などを図にしたものである。なお，ジェノグラム・エコ

第Ⅰ部　保育者の子育て支援の特性

マップについては第7章で詳しく述べている。

　ジェノグラムやエコマップの利点は，多様な視点から保護者の抱える問題を把握することができるだけでなく，保護者と協同で作成したり，検討したりすることによって一緒に保護者の置かれている状況を確認していけることである。また，視覚的に示されるため，保護者と保育者，保育者と職場外の専門職との情報共有や理解がされやすいことである。このような過程を経て，保護者などが抱える問題や課題について，その問題や課題を社会的に改善・解消しなければならない状態だと認識されるような状態に位置づけることができる。ただし，ジェノグラムやエコマップは，便利ではあるが，そこから保護者の抱える問題等のすべてがわかるものではないことを理解する必要がある。これらの図からわかることは，保護者の生活状況の一端や保護者の抱える問題を理解のための一部の情報に過ぎない。また，図式化することによって，保護者の置かれた状況などを理解しやすくなる反面，見た目の印象や先入観に影響されやすいことに留意する必要がある。

　具体的な支援では，保護者の要望などを念頭に置きながら，現実的に利用できるさまざまなサービスを想定しながら行われなくてはならない。保育者が協働・連携する関係機関は，保護者の抱えている課題や置かれている状況によって違う。例えば，発達障害や発育の遅れがある子どもの支援の場合は，保健センターや児童発達支援センター等との協働・連携を行うこととなる。虐待が疑われる子どもとその保護者を支援する場合には，市町村の相談窓口や児童相談所・保健所・保健センター等が相談先として挙げられる。

　支援が開始されると，ケースにもよるが，警察や医療機関，乳児院や児童養護施設，児童家庭支援センターなどと協働することもある。就学のための支援においては，教育委員会（就学指導委員会），小学校や特別支援学校などと協働することになる。また，職場外の専門職・機関との協働は，保育者が協働・連携できる専門機関の役割や業務内容について理解していることが必要となる。そして，協働することの多い機関の職員とは，「顔の見える関係」であることが望ましい。つまり，保育者には地域における社会資源などについての知識を

有していることや普段からの関係機関との交流や意思疎通を図り，保護者と関係機関とを結ぶ，いわばコーディネーターの役割が求められてくるのである。

　今後も保育の場において，複雑な問題や支援ニーズを抱えた子どもや保護者が増加することが予想されるが，保育者の行う相談や支援は本来の業務である保育に支障をきたさない範囲で行われることが重要であり，ここに保育者が行う相談や支援の難しさがある。

2　保護者との信頼関係の形成に必要な態度・基本的な姿勢

（1）　トラストとラポール

　保育者の行う相談や支援には，前述の通り，保護者との間にラポール（信頼関係）を形成することが必要とされる。

　信頼関係には大きく「トラスト（Trust）」と「ラポール（Rapport）」の2つがある。「トラスト」とは，じっくり時間をかけて築かれるお互いを深く理解し合い信頼し合う関係のことである。一方「ラポール」とは，例えば，初対面の人などに対して親近感や好感などを持つような関係のことである。面接などの場面では，まず最初に保護者との間にラポールを築くことが重要となってくる。

　つまりラポールとは，互いに信頼し合い，安心して自分の思うように話をしたり，気兼ねせずに感情を表したりできる人間関係が形成されていることをいう。この人間関係を基本として，保護者への相談や支援を行うことが重要である。お互いが友好的な関係の中で関わることで，保護者は徐々に話したいことを話し，保育者に対する信頼感や安心感が芽生えてくるのである。

　相談や支援にとって，この信頼感や安心感は，とても重要な要素の一つである。保育者に対する信頼感や安心感のある関係の中で相談や支援を受けることで，保護者は，自らが抱える問題によって失ってしまった自信や自分自身の力で問題解決に取り組んでいく力を取り戻したりすることができる。このような相談や支援をケースワークという。子育て支援におけるケースワークとは，心

第Ⅰ部　保育者の子育て支援の特性

理的あるいは社会的な生活上の問題をかかえる保護者や家族に対して個別に対応し，問題を解決できるように相談や支援をすることである。

（2）　バイスティックの7原則

　このケースワークを実践する際の基本原則及び基本的態度の一つとして「バイスティックの7原則」が挙げられる。これは，アメリカのバイスティック（F. P. Biestek）が提唱したもので，援助者に求められる基本的かつ重要な姿勢を掲げている。[(1)]保育者が保護者などの相談や支援を行う際も，この「バイスティックの7原則」（表3-1参照）に則って行われることが求められる。「バイスティックの7原則」の特徴は，7つの原則が人間の基本的欲求に根ざしていることである。保育者は，この7つの原則が生かされるように相談や支援を行っていかなければならない。また相談や支援の際に，この原則を活かすことも必要なこととなってくる。では，次にこの原則について説明していく。

1）個別化の原則

　相談に来た人は，誰でも「自分を一人の人間として大切にして欲しい」と思っている。そこで保育者は，その思いに応え，保護者を一人の人間として尊重し，その人の価値や人格などを認め，理解しようとする態度が必要である。そうすることによって，保護者の中に自分の価値や個性を再び認識する心が生まれ，自分自身の抱える問題を自分自身で解決する力が芽生えることになる。

2）意図的な感情の表出の原則

　相談に来た人は誰でも「自分の素直な感情や考えを表したい」と思っている。それは，社会生活の中で人は感情を抑圧する傾向をもっているからだ。特に怒りや不安，悲しみなどの否定的な感情ほど表出するのは難しく，心の中に抑圧されやすい。そこで保護者の表現した考えや感情を受け入れ，より自由に自分の思いを表現できるように相談や支援することが必要である。そして，どんなに否定的な感情を表現しても，すべて受け入れられるという経験の積み重ねが，保護者の心の中に保育者に対する信頼感や安心感を生むことになる。

36

3）統御された感情的関与の原則

　相談しに来た人は，誰でも「親身になって受け答えをしてほしい」と思っている。そこで，保護者の表現した感情を共感的に理解することが必要である。その際，常に自分の感情をコントロールし，効果的に相談や支援を進めていくために保護者の感情に意図的かつ適切に関わることが求められる。そのため，保護者の持つ感情に敏感に反応したり，危機的状況化における人間の反応の仕方などに対する知識を身に付けたりすることが必要となってくる。

表3-1　バイスティックの7原則

①	個別化の原則
②	意図的な感情の表出の原則
③	統御された感情的関与の原則
④	受容の原則
⑤	非審判的態度の原則
⑥	自己決定の原則
⑦	秘密保持の原則

出所：F.P. バイステック／田代不二男・村越芳男訳『ケースワークの原則——より良き援助を与えるために』誠信書房，1965年。

4）受容の原則

　相談に来た人は，誰でも「自分を価値ある人間として認めてもらいたい」と思っている。そこで保護者の抱える問題を表面的にではなく，問題を抱えるに至ったその人なりの事情や生き方などを含めて，感情的にも受け入れていくことが求められる。保護者の存在自身をそのまま無条件に受け入れることで，保護者との信頼の基盤を築くことができる。また保育者に受容された経験は，保護者が自分自身を受け入れていく「自己受容」にもつながっていく。

5）非審判的態度の原則

　相談に来た人は，誰でも「他者から責められたり，裁かれたりしたくない」と思っている。特に問題を抱え悩んでいる保護者は，自分の抱えている問題について罪悪感や評価されたりすることに対する恐怖感を覚えていることが多い。そこで自分の価値観や倫理的判断で，保護者の行動や態度を批判したり，常識や自分の考え等を押しつけたりしない態度が必要である。非審判的態度で臨むことで，保護者の持つ罪悪感や恐怖感等を軽減できる。

6）自己決定の原則

　相談に来た人は，誰でも「自分のことを自分で選択し，決定したい」と思っている。そこで保護者の希望や選択を尊重し，それを最大限に活かせる決定が

第Ⅰ部　保育者の子育て支援の特性

できるよう相談や支援をすることが必要である。保護者は，自分の問題や生活について自分で判断し，選択・決定する自由と権利を持っている。ここで大切なのは，保護者の持つ「自分で問題を解決する力」を信頼し，その力で自分のなすべきことを決定し行動できるように側面から支援することである。保護者は，あくまで自分自身の問題に自分自身で取り組み，それを解決しさまざまな決定を行っていくという自覚を持つことが重要となってくる。

7）秘密保持の原則

　相談に来た人は，誰でも「自分の秘密を他者に知られたくない」と思っている。そこで職務上知り得た保護者のプライバシーや秘密を守り，他者に漏らさない必要がある。また相談や支援の際に必要があって，情報を他機関などに開示する場合には，保護者の同意を得なければならない。これは，専門職として保護者との信頼関係を築く上でも必要不可欠なものである。秘密保持が守られることで，保護者は安心して心の中にあるさまざまな話を保育者にすることができる。

（3）　傾聴と共通的理解

　保育者が保護者やその家族等の相談に応じる際には，「カウンセリングマインド」が求められる。「カウンセリングマインド」とは，簡単にいうと，相手と円滑な人間関係を築き，相互的なコミュニケーションを行うための心がけのことである。この「カウンセリングマインド」の特徴は，コミュニケーションをする際に安心感や信頼感，自尊心を相手に与える受容的で共感的な態度をとることである。

　具体的には，まず，保護者の話を「傾聴」という技法を使ってていねいに聴いていく。その際，保護者の内に抱えた感情や気持ちを自由に語らせることで，「カタルシス」という心の浄化作用が得られる。「カタルシス」とは，人間の持つ自然の作用である。自分の持つ感情や気持ちを語ることによって，その感情や気持ちが自然と整理され，悩み，苦しみ，迷いといった精神的負担が軽減されていく。そして，そこで表された感情などに「共感的理解」を示すことで，

保護者の心に安心感や保育者に対する信頼感などが生まれるのである。以下に「傾聴」と「共感的理解」について述べる。

1）傾聴とは何か

保護者との面接において重要なことは，保護者の話に積極的関心を持って心を込めて聴くという「傾聴」の態度である。「傾聴」は，相談の場面のコミュニケーションや関わり方の基本動作として最も基本的で欠かせない技術の一つである。「傾聴」することによって，保護者は「もっと話したい，もっと聴いてもらいたい」と思い，そのことによって自分自身の抱える問題について自分自身で解決しようとする意識が高まる。「傾聴」は，ただ話を聴くだけではなく，「あなたの話を聴いている」あるいは「あなたのことを受容している」ということを保護者に伝えることも含んでいる。

2）共感的理解とは何か

「共感的理解」とは，保護者がその状況において感じている感情や気持ちを心から理解することである。それは，論理的な思考などによる理解とは異なり，保育者の感情において積極的に「わかろうとする」ことである。保護者は問題を持つことで，心に葛藤を抱えていたり，混乱していたりする。この感情を共感的に理解し，理解していることを保護者に伝えることが大切である。保護者が「わかってもらっている」という確信を持つことは，情緒的混乱から抜け出すきっかけ等になったり，その後の支援を受ける動機づけを強化することにつながる。ただし，保育者は，保護者の気持ちになりきろうとするのではなく，保育者として「共感的理解」を示すことが大切であり，保護者やその状況に関する客観的な理解も忘れてはいけない。

3　保護者との信頼関係の形成に必要な知識・技術

前述の通り，人は誰でも価値ある人間として認めてもらいたいと思っているし，親身になって受け答えをしてほしいと思っている。そのような人間の基本的欲求に根ざした気持ちを受容しながら保護者と関わっていくことが，保護者

第Ⅰ部　保育者の子育て支援の特性

との信頼関係を築くために必要となってくる。

　また子育て支援では，人々が生活をする上で抱える問題を本来その人が持つ強さに着目して解決するための「ストレングス（Strength）」の視点を持つことが重要である。また，社会的に不利な状況に置かれている人に対して「エンパワメント（Empowerment）」を実践することが求められる。次に「ストレングス」と「エンパワメント」について説明する。

（1）　ストレングス

　「ストレングス」とは，本来「強さ・力」を意味する言葉である。相談や支援においては，保護者の長所や能力，健康的な面の意味で使われる。相談や支援においては，保護者自身の「ストレングス」に着目し，保護者の持つ力や主体性を十分に活用することが重要である。また「ストレングス」は，保護者に内在するものだけでなく，保護者の生きている環境（家族や地域など）に存在している，あるいは潜在的にあると思われる資源としての「ストレングス」も同時に見つけ出し，相談や支援に活用していくことが大切である。

　「ストレングス」を活用するには，保護者の「できないこと」に着目して，一方的に相談や支援の方向性を結論づけるのではなく，「できない状況の中でも対応して生活してきた保護者のストレングスをどのように活かして支援するか」を保護者とともに考えていく姿勢が必要とされる。

（2）　エンパワメント

　「エンパワー（Empower）」は，本来「能力や権限を与える」という意味の言葉である。「エンパワメント」は，保護者が自分の人生の主体的に生きていけるように力を付けて，保護者自身の生活や環境をよりコントロールできるようにしていくことである。それには，保護者の本来持つ力を保護者自身が認め，高める必要がある。また「エンパワメント」の実践では，保護者や保護者の周辺環境の「ストレングス」に着目し，それを強め，活用していくことが重要である。その際，あくまでも保護者が主役であり，相談や支援は保護者と対等な

関係で行われる協働作業であることを念頭に置く必要がある。「エンパワメント」を実現するために保育者は，保護者を尊重し学ぶ姿勢を保たなければならない。また，保護者と保育者がお互いに信頼し合い，保護者が自分自身の抱える問題と向き合うための対話を行うことも重要である。

（3） 非言語的コミュニケーションと言語的コミュニケーション

1）傾聴していることを伝える技術

　保護者との面接において，「傾聴」の態度が必要であることは前述した。しかし，ただ「傾聴」しているだけでは，保護者にその姿勢が伝わりづらいことがある。そこで，「傾聴」していることを非言語的コミュニケーション（ノンバーバル・コミュニケーション）で伝え，保護者に相談や支援を受けることに安心してもらうためのコミュニケーションの基本動作をイーガン（G. Egan）は，「SOLER」という5つのポイントとしてまとめている。[2]

　このような動作をすることで，自分が保護者に十分に関心があり，その話す内容についても共感的理解を示そうとしていることを自然に伝えることができるとしている。次に「SOLER」について説明する。

　　① 　S（Squarely）：保護者とまっすぐに向き合うことである。これは気持ちの上で正直に向き合うことを示している。保護者と一緒に問題を解決する気持ちがあることを伝える。

　　② 　O（open）：保護者に対してオープン（胸を張った）姿勢を取ることである。保育者が保護者を受け入れていることを伝える。

　　③ 　L（Lean）：話の重要だと思われる場面で，保護者の方へ上体を少し傾ける姿勢を取ることである。保育者が集中して話を聴いていることを伝える。

　　④ 　E（Eye Contact）：保護者と適度に目を合わせることである。保育者が保護者に関心を寄せていることを伝える。

　　⑤ 　R（Relaxed）：適度にリラックスして話を聴くことである。保護者を

第Ⅰ部　保育者の子育て支援の特性

リラックスさせ，保育者が保護者に対する相談や支援に自信があることを伝える。

2）言語的コミュニケーションの技術

質問は，保護者の考えや意見を知るために重要な技術である。また，情報収集の際にも必要な技術である。次に質問の技術について説明する。

①　質問の技術

質問には大きく分けると，「開かれた質問」と「閉じられた質問」の2つがある。

「開かれた質問」とは，質問された保護者が自由に答えることのできる質問法である。例えば，「どうしましたか？」「どのような状況なのですか？」等，自分で考えや感情等を自由に表現してもらう形で質問を進めていく。これは，質問された保護者が自分の考えを自分の言葉で話すため，自分が主体的に答えることができ，問題やニーズを自分自身で自己理解することができる。しかし，保護者が自由に答えてしまうため，話の収拾がつかなくなってしまうことがある。また「なぜ」「どうして」というような質問を多用すると，責められているという印象を持ってしまうことがあるので留意する必要がある。

「閉じられた質問」は，保護者が「はい」「いいえ」で答えられる質問法である。例えば，「お子さんはお元気ですか」「その時に，ついカッとなって，たたいてしまったんですね」等である。一言で返事ができる形で質問していく。これは，短時間で的確に情報を得ることができ，確認をしたい時などに役立つ。しかし，質問された保護者が受身となってしまい，自分の考えを伝えづらくなる場合がある。

保育者には，それぞれの質問法のメリット・デメリットを知り，場面に合わせて使いこなしていくことが求められる。

②　明確化の技術

明確化とは，保護者の話したことを正しく聞き取ることができたかどうか，また保護者が伝えたいことを正しく理解できたかどうかを，お互いが確認していくための技術である。明確化には，「繰り返し」「言い換え」「要約」などの

技術がある。

「繰り返し」とは，保護者の言葉の要点となる部分をそのまま繰り返すことである。例えば，「最近，子育てにイライラしてしまって……」と保護者から相談を受けた時に，「お子さんを育てるのにイライラしてしまうんですね」等と返したりすることである。ここで大切なことは，繰り返しの言葉に否定する言葉や肯定する言葉を一切入れないことである。この「繰り返し」の技術は，保護者に話の内容に確認を取りながら話を進めるのに効果がある。また保護者も，自分の話をよく聞いてくれていることを実感できる。

「言い換え」とは，保護者の話した言葉や表現について，別の言葉を使って，同じ意味を持つ言葉に言い換えることである。ここでは，保護者が話したことの本質を短く明確に伝え返すことが大切である。例えば，「この頃，子どもがわがままを言って，私を困らせるのでつい手をあげてしまって……」というような相談に対して「子育てに悩んでおられるんですね」などと返すことをいう。

「言い換え」は，保育士が保護者の話した内容を正確に理解しているかどうかを両者で確認でき，また，相談の中で保護者と保育士が使う言葉の意味やニュアンスを確認したり，保護者の話の内容を整理したりすることができる。

「要約」とは，保護者が話した一連の話について，その中の重要なポイントや内容の中心部分を簡潔にまとめて，保護者に伝え返すことである。例えば，「最近，夫の金遣いが荒くて，家計が苦しくなって……。もう，どうしたらよいのかわかりません。子どもの保育料も払わなくてはいけないし……。私のパートの時間を増やしたり，それでも足りなかったら消費者金融に借りなきゃいけないかもしれない……」と相談された時に「ご主人の浪費のために生活費と保育料のことで悩んでおられるのですね」等と返したりすることである。

「要約」は，保護者の話の内容にとりとめがなくなってきたり，話が混乱してきたりした時に相談を終了する際，もしくは前回の相談内容を振り返る時などに使われる。また「要約」は，話の全体を通して保護者が一番伝えたかったことが何であったかを保育者が正確に把握しているかどうかを確認できるだけでなく，保護者が自分の考えや話したことを，もう一度，自分の中で整理し，

第Ⅰ部　保育者の子育て支援の特性

自分の話したことを客観的に見直す一助にもなる。

③　直接的なメッセージの伝達技術

保育者の直接的で主観的なメッセージを伝える時は，Ⅰ（アイ）メッセージを使う。ここでは，「一般的には，○○です」や「普通は，△△です」ではなく，「私は…」から話を始める。これは，保育者が自分の率直な意見やアドバイスを一般化するのではなく，1人の人間として保育者の思いを話すことが大切である。例えば，「私は，子育てがあんまり上手くなくて，最低の母親です」などと告白された場合に「私はそうは思いません。子どもと真剣に向き合っている○○さんは，素敵だと思いますよ」等といったメッセージを発することは，保護者との信頼関係を形成する上で重要な意味を持ってくる。

4　本章のまとめ

本章では，保護者の抱えた問題を把握する方法と問題解決に向けての面接について解説した。そこで収集すべき情報や情報のまとめ方としてマッピング技法，また，問題解決のための具体的な連携機関などについて述べた。その上で，保護者との間のラポールの形成の仕方や相談の際に保育者に求められる基本的な姿勢について説明した。そして保護者との信頼関係の形成に必要な知識について解説し，保護者との信頼関係の形成に必要な技術としての傾聴，言語的コミュニケーションの技術について述べた。このような基本的態度や知識，技術を基に保護者の相談や支援を行っていくことが求められる。

さらに考えてみよう

①　自分の「ストレングス」は何か，考えてまとめてみよう。

②　自分が困った時に支援してくれる，自分の周りの人間関係や社会資源を考えてまとめてみよう。

第 3 章　保育者の支援ニーズへの気づきと多面的な理解

注

⑴　F. P. バイステック／田代不二男・村越芳男訳『ケースワークの原則——より良き援助を与えるために』誠信書房，1965年。

⑵　イーガン，G.（鳴澤實・飯田栄訳）『カウンセリング・テキスト』創元社，1998年。

参考文献

江川びんせい編著『カウンセリング入門』北樹出版，2009年。

大嶋恭二・金子恵美編著『相談援助』建帛社，2011年。

小原敏郎・橋本好市・三浦主博編著『演習・保育と保護者への支援』みらい，2016年。

笠師千恵・小橋明子『相談援助　保育相談支援』中山書店，2014年。

川村隆彦『ソーシャルワーカーの力量を高める理論・アプローチ』中央法規出版，2011年。

小林育子『演習　保育相談支援』萌文書林，2013年。

古川繁子編著『保育相談支援ワークブック』学文社，2016年。

前田敏雄監修『演習・保育と相談援助　第 2 版』みらい，2015年。

山辺朗子『個人とのソーシャルワーク』（ワークブック社会福祉援助技術演習②）ミネルヴァ書房，2003年。

吉田眞理『生活事例からはじめる社会福祉援助技術』青踏社，2009年。

第4章	子ども・保護者が多様な他者と関わる機会・場の提供

学びのポイント

　本章では，子ども・保護者が多様な他者，いわゆる関係機関や関係者と関わっていく上で，保育者がどのような役割を担っているか学んでいく。子育て支援では，継続した支援を意味する「切れ目のない支援」とさまざまな関係機関が協働して支援する「重なり合う支援」が重要となる。また，子育ては家庭と保育所等だけでなく，地域のさまざまな場で展開されており，保育者は入所している子どもや家庭だけでなく，地域の子育て支援の役割も担っている。そのことを踏まえ保育者には，地域の関係機関や他の専門職について理解し，子ども・保護者と地域とを結び，つなぎ合わせていく視点を持つことが求められている。

①　子育てを支援する社会資源を理解する。
②　子育て支援に必要な支援体制を理解する。
③　子育て支援に関わる関係機関を理解する。
④　子ども・子育て支援新制度による地域の子育て支援サービスについて理解する。
⑤　保育所等への入所の流れと保育者の関わりについて理解する。

1　子育てを支援する社会資源の理解

（1）　子ども・保護者が関わる地域の社会資源

　保育は，家庭と保育所等だけで行っているのではないことは言うまでもない。子どもや保育を取り巻く問題は，多様化し複雑化している。日々の保育，子育て支援，障害児支援，不適切な関わりへの対応，ひとり親家庭の支援など，保育所等だけでは抱えることができない。そのため都道府県，市町村には，さまざまな社会資源が存在している。

　ここでいう社会資源とは，身近な生活課題の解決や生活の向上を図るために

力となる物的および人的な資源で，社会サービスや法律，制度，各種手当，情報等が含まれている。社会資源の中には，フォーマルとインフォーマルと呼ばれるものがあり，フォーマルな社会資源とは，公的で制度化されたもので，インフォーマルな社会資源は，非公的で私的な関係に基づくものを指している。子育てにはどちらも重要な資源といえる。

1) フォーマルな社会資源

制度化された国・都道府県・市町村の機関や施設が提供するサービス，専門職者による援助・支援などが相当する。また，実施主体が民間であっても，法律や制度に基づいたサービスであり，継続的かつ専門的であれば，フォーマルな資源といわれる。特徴として比較的安価でサービスが提供され，供給が安定している。しかし，個々の利用者のニーズに柔軟に対応したり，細かなニーズに対応することが難しいといった課題もある。

2) インフォーマルな社会資源

インフォーマルな社会資源とは，子ども・保護者の身近にいる家族，親族，友人，職場の同僚，近隣住民，ボランティアなどから提供される制度化されていないサービスといえる。このように考えると，保育者を目指す学生も自らがインフォーマルな社会資源といえる。この資源の特徴として，利用者のニーズに身近な存在として寄り添うことができる一方で，客観性や専門性を確保することが難しく，安定的で継続した支援とはならない場合もある。

（2） 市区町村における子育てを支援する体制
── 「切れ目のない支援」「重なり合う支援」の実施

児童福祉法では「国及び地方公共団体は，児童の保護者とともに，児童を心身ともに健やかに育成する責任を負う」（第2条3項）と定めており，国及び地方公共団体の責務，市町村の責務が規定されている。その内容は，子育ての第一義的責任は，保護者にあるとしながらも，保護者が健全な子育てをすることを国・都道府県・市町村で全面的，包括的に援助・支援することが規定されている。ここでは子育て支援の社会資源として最も身近な市町村の支援体制を見

第Ⅰ部　保育者の子育て支援の特性

図 4-1　市区町村における児童等に対する必要な支援を行う体制の関係整理（イメージ図）

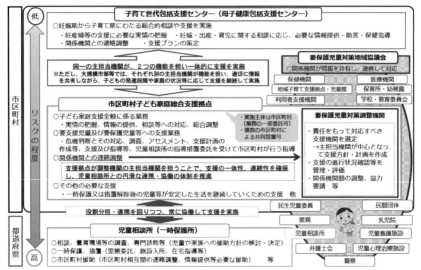

注：子育て世代包括支援センターや市区町村子ども家庭総合支援拠点の設置に当たっては，同一機関が2つの機能を担うなどの設置方法を含め，各市区町村の母子保健及び子ども家庭相談の体制や実情に応じて検討すること。
出所：厚生労働省子ども家庭局「市町村・都道府県における子ども家庭総合支援体制の整備に関する取組状況について」（https://www.mhlw.go.jp/content/000352156.pdf）2018年。

ていく。

　支援体制を考える場合，「切れ目のない支援」「重なり合う支援」が重要となる。「切れ目のない支援」とは，図4-1において妊娠期から子育て期にわたって相談や支援が目指されているように，継続した支援を意味する。このことはいずれの機関や施設，例えば，市区町村子ども家庭総合支援拠点，要保護児童対策地域協議会，児童相談所等においても当てはまる。単発の支援ではなく，子どもや親が安定した生活を送るために継続して支援を続けていくことが大切となる。

　「重なり合う支援」とは，それぞれの社会資源が単独でバラバラに対象を支援するのではなく，役割分担・連携を図りつつ，常に協働して支援を実施することを意味する。図4-1に示されているように，子どもや保護者のニーズやリスクの程度によって機関や施設が担う役割は分担される。例えば，保育所に

第4章　子ども・保護者が多様な他者と関わる機会・場の提供

虐待が疑われる子どもが通園している場合，保育者は，子ども家庭総合支援拠点や児童相談所などに通告，相談し，連携して対応することが求められる。その際，子ども家庭総合支援拠点や児童相談所は，子どもや家庭の調査，アセスメント，支援計画の作成，指導といった役割を担う。

　一方で，保育者は，通園している子どもが日々の生活を豊かに送れるよう保育するとともに，子どもの心身の健康状態を継続的に把握し記録するといった役割を担うことが大切となる。このように役割を分担して担う中で重要なことは，共に子どもや保護者を支援するという姿勢や体制である。協働する体制が取られず，子育て支援の対応として共通理解や情報共有がなされないと，支援がうまく行われず，最終的には子どもが不利益を被ることになる。

（3）　子育て支援にかかわる関係機関

　ここではまず，図4-1に示した比較的最近設置された子育て支援に関わる関係機関について説明する。子育て支援に関わる法令や制度は，近年，頻繁に改正されるため，保育者は，その動向を知っておくことも重要となる。また，これらの関係機関では，先に示した「切れ目のない支援」「重なり合う支援」が目指していることに着目する必要がある。

1）子育て世代包括支援センター（母子健康包括支援センター）

　2016（平成28）年の児童福祉法等の一部を改正する法律において，母子保健法の改正が行われ，妊娠期から子育て期にわたる切れ目のない支援を行う「子育て世代包括支援センター」（法律上の名称は「母子健康包括支援センター」）の設置が法定化され，市町村は同センターを設置するように努めなければならないとされた。その目的として，妊娠・出産・産後・子育ての期間を通じて，妊産婦及び乳幼児の実情を把握し，妊娠・出産・子育てに関する各種の相談に応じ，必要に応じて支援プランの策定や，地域の保健医療や福祉に関する機関との連絡調整を行うことを目指している。すなわち，母子保健施策と子育て支援施策との一体的な提供を通じて，妊娠期から子育て期にわたって乳幼児の健康の保持及び増進に関する包括的で切れ目のない支援を行う体制を構築することとし

49

第Ⅰ部　保育者の子育て支援の特性

ている。

2）子ども家庭総合支援拠点

　子ども家庭総合支援拠点は，児童福祉法の改正等により，地域の社会資源や必要なサービスと有機的につないでいくソーシャルワークを中心とした機能を担う拠点として，その設置が2018（平成30）年度から，市町村によって進められている。設置の背景として，家庭にとって身近な場所である市町村で，子どもやその保護者に寄り添って継続的に支援し，児童虐待の発生を未然予防・防止することが重要であるという認識から，市町村を中心とした在宅支援の強化が図られることとなった。具体的には，子どもや家庭の実情の把握，子ども等に関する相談全般から通所・在宅支援を中心としたより専門的な相談対応や必要な調査，訪問等による継続的なソーシャルワーク業務までを行うこととされている。

3）要保護児童対策地域協議会

　保護者に不適切な養育等や虐待が疑われる場合には，市町村における関係機関の職員で構成された要保護児童対策地域協議会（通称：要対協）によって関係機関の協議がなされている。要保護児童対策地域協議会は，厚生労働省要保護児童対策地域協議会設置・運営指針によると，「要保護児童の適切な保護を図るため，関係機関等により構成され，要保護児童及びその保護者に関する情報の交換や支援内容の協議を行う要保護児童対策地域協議会を置くように努めなければならない」とされている。虐待等のリスクのある家庭や困難を抱える子どもの早期発見・未然予防に努めるため，複数の関係機関が協議し，緊密に適切な情報交換と連携を行うことが今後ますます求められている。

　保育者が子どもや保護者への支援を行う際，連携先とする関係機関は前述したものだけはなく，多数存在している。それをまとめたのが表4-1である。保育者はそれぞれの機関の役割や機能をある程度把握しておくことが求められる。保育者が専門機関を知る方法はいくつか考えられる。例えば，クラスの子どもが児童発達支援センターを併行して利用している場合，保育者が親の了解のもと，センターの実践を見学し，子どもの支援方法について意見交換をする

50

第4章 子ども・保護者が多様な他者と関わる機会・場の提供

表4-1 保育者が連携先とする関係機関

機関・事業	職員の構成	援助の内容
障害児通所支援 児童発達支援センター （福祉型・医療型） 児童発達支援事業	児童指導員，保育士，作業療法士，言語聴覚士，心理技術職など	障害のある子どもや親の身近な療育の場である。あわせて，地域の教育・保育機関への援助・助言を行う。
医療機関 （病院・クリニック等）	医師，看護師，心理技術職など	障害等に関する診断と治療，精神疾患の治療や自傷行為が見られるときの緊急介入が可能である。治療方法は投薬の他，精神療法，デイケアなど病院によって様々である。
保健センター （保健所）	保健師，医師，心理技術職，保育士など	地域の住民の心身における保健サービスを行う。母子保健に関しては，乳幼児健診，母親・両親学級，訪問指導，発達相談，親子グループ活動など，継続的に見守りながら，必要な支援へとつないでいる。
児童相談所	児童福祉司，相談員，医師，児童心理司，保育士など	0歳から18歳未満の児童およびその家庭に関する問題についての相談，診断，判定，指導，保護などを行う。乳幼児健診後の精密健診・指導，療育手帳に係る判定事務などを行う。
地域子育て支援拠点事業 （一般型，連携型，地域機能強化型）	保育士，子育て支援従事者，児童指導員など	子育てに関する相談，子育て親子の交流の場の提供などを行う。子どもと家庭を支援する関係機関のネットワークの窓口となり，情報集約，調整を図る。
民生委員・児童委員	都道府県知事が推薦し，厚生労働大臣が委嘱する民間ボランティア	地域の身近な相談役として，担当地域の住民の支援に当たる。地域の目として課題を抱えた子どもや家庭を見守り，住民と行政，地域の学校や園をつなぐパイプ役となる。

出所：武藤安子・上原貴夫編著『発達支援——ゆたかな保育実践にむけて』ななみ書房，2007年，104頁，一部改編。

　ことが考えられる。また，地域の子育て支援の実情を知りたい場合は，多くの0～2歳児を持つ親が親子で通う地域子育て支援拠点の子育て広場を見学するといった方法も考えられる。たとえ訪問できなくても，市町村の役所やホームページから情報を得ることができる。何より保育者自らが，積極的に他機関のことを知ろうとする姿勢が大切である。そして，可能であれば，他の専門機関のスタッフとの関係は，必要な時には連絡できる顔の見える関係になっておくとよい。

第Ⅰ部　保育者の子育て支援の特性

2　子ども・子育て支援新制度による地域の子育て支援サービス

（1）　子ども・子育て支援新制度

　子ども・子育て支援新制度とは，子育てと仕事の両立支援や保育所の待機児童問題など，子ども・子育てに関するさまざまな課題を解決するために，2012（平成24）年8月に成立した子ども・子育て支援法をはじめとする子ども・子育て関連3法に基づき，2015（平成27）年4月から実施された制度のことをいう。

　この制度では，子どもの年齢や保護者の仕事の状況に応じて，さまざまな支援を受けることができるようになっている（図4-2）。就学前の子どもが教育・保育を受ける場として，認定こども園，幼稚園，保育所に加えて，0～2歳の子どもを少人数で保育する地域型保育ができ，前者を施設型給付，後者を地域型保育給付とした給付の仕組みが創設されている。

（2）　地域子ども・子育て事業

　子ども・子育て支援法第59条の下，市町村は，子ども・子育て家庭等を対象とする事業として，市町村子ども・子育て支援事業計画に従って，地域子ども・子育て事業を実施している（図4-2，表4-2）。

　各事業は，市町村の作成する子ども・子育て支援事業計画と両輪となって，個別の子育てニーズに応じた事業を，自己選択し，利用できるようになっている。子育て世代の背景（児童数の減少，核家族化等）による課題を受けて，地域の子育て支援拠点を設置し，親子の交流や育児相談，情報提供等を実施，当事者による支え合いを行っている。また，地域と連携し，新たなニーズに対しての開発も行っている。実施施設・団体は，保健・医療・福祉等のさまざまな関係機関，公共施設やNPO等多岐にわたり，保育所等や幼稚園等でもその役割を担っている。

52

第4章　子ども・保護者が多様な他者と関わる機会・場の提供

図4-2　子ども・子育て支援新制度による子育て支援サービス

市町村主体

認定こども園・幼稚園・保育所・小規模保育など 共通の財政支援	地域の実情に応じた 子育て支援

施設型給付

認定こども園　0～5歳

幼保連携型

※幼保連携型については，認可・指導監督の一本化，
学校及び児童福祉施設としての法的位置づけを
与える等，制度改善を実施

幼稚園型	保育園型	地方裁量型

幼稚園　3～5歳	保育所　0～5歳

※私立保育所については，児童福祉法第24条により市町村が
保育の実施義務を担うことに基づく措置として，委託費を支弁

地域型保育給付

小規模保育，家庭的保育，居宅訪問型保育，事業所内保育

地域子ども・子育て支援事業

・利用者支援事業
・地域子育て支援拠点事業
・一時預かり事業
・乳児家庭全戸訪問事業
・養育支援訪問事業等
・子育て短期支援事業
・子育て援助活動支援事業
（ファミリー・サポート・
　センター事業）

・延長保育事業
・病児保育事業
・放課後児童クラブ

・妊婦検診
・実費徴収に係る補足給付
　を行う事業
・多様な事業者の参入促進・
　能力活用事業

出所：内閣府子ども・子育て本部「子ども・子育て支援新制度について」（https://www.8.cao.go.jp/
shoushi/shinseido/outline/pdf/setsumei.pdf）2018年，6頁，一部改変。

（3）　幼稚園・保育所・幼保連携型認定こども園と地域型保育

　小学校就学前の子どもの教育・保育の場として，子ども・子育て支援新制度
においては，「幼稚園」や「保育所」に加えて，地域の実情に応じて「認定こ
ども園」への移行を推進するほか，待機児童が特に多い0～2歳の子どもを少人
数で保育する「地域型保育」ができた（表4-3）。

　子どもの年齢や保護者の就労状況などによって，利用できる施設などが異
なっており，保育所等への入所の流れは図4-3の通りである。

　子ども・子育て支援新制度では，保育所等の利用を希望する場合は，市区町

53

第Ⅰ部　保育者の子育て支援の特性

表4-2　地域子育て支援事業の概要

事業名	事業概要等
① 利用者支援事業	子どもや保護者の身近な場所で，教育・保育所等や地域の子育て支援事業等の利用について情報収集を行うとともに，それらの利用に当たっての相談に応じ，必要な助言を行い，関係機関等との連絡調整等を実施する事業
② 地域子育て支援拠点事業	家庭や地域における子育て機能の低下や，子育て中の親の孤独感や負担感の増大等に対応するため，地域の子育て中の親子の交流促進や育児相談等を行う事業
③ 妊婦健康診査	妊婦の健康の保持及び増進を図るため，妊婦に対する健康診査として，①健康状態の把握，②検査計測，③保健指導を実施するとともに，妊娠期間中の適時に必要に応じた医学的検査を実施する事業
④ 乳幼児家庭全戸訪問事業	生後4か月までの乳児のいるすべての家庭を訪問し，子育て支援に関する情報提供や養育環境等の把握を行う事業
⑤ 養育支援訪問事業／子どもを守る地域ネットワーク機能強化事業（その他要保護児童等の支援に資する事業）	乳児家庭全戸訪問事業などにより把握した，保護者の養育を支援することが特に必要と判断される家庭に対して，保健師・助産師・保育者等が居宅を訪問し，養育に関する相談支援や育児・家事援助などを行う事業 要保護児童対策地域協議会（子どもを守る地域ネットワーク）の機能強化を図るため，調整機関職員やネットワーク構成員（関係機関）の専門性強化と，ネットワーク機関間の連携強化を図る取組を実施する事業
⑥ 子育て短期支援事業	母子家庭等が安心して子育てしながら働くことができる環境を整備するため，一定の事由により児童の養育が一時的に困難となった場合に，児童を児童養護施設等で預かる短期入所生活援助（ショートステイ）事業，夜間養護等（トワイライトステイ）事業
⑦ 子育て援助活動支援事業（ファミリー・サポートセンター事業）	乳幼児や小学生等の児童を有する子育て中の労働者や主婦等を会員として，児童の預かり等の援助を受けることを希望する者と当該援助を行うことを希望する者との相互援助活動に関する連絡，調整を行う事業
⑧ 一時預かり事業	家庭において一時的に保育を受けることが困難になった乳幼児について，保育所等，幼稚園その他の場所で一時的に預かり，必要な保護を行う事業
⑨ 延長保育事業	保育認定を受けた子どもについて，通常の利用日及び利用時間以外の日及び時間において，保育所等で引き続き保育を実施する事業
⑩ 病児保育事業	病気の児童について，病院・保育所等に付設された専用スペース等において，看護師等が一時的に保育等を行う事業
⑪ 放課後児童健全育成事業（放課後児童クラブ）	保護者が労働等により昼間家庭にいない小学校に就学している児童に対し，授業の終了後等に小学校の余裕教室や児童館等において適切な遊び及び生活の場を与えて，その健全な育成を図る事業
⑫ 実費徴収に係る補足給付を行う事業	保護者の世帯所得の状況等を勘案して，特定教育・保育所等に対して保護者が支払うべき日用品，文房具その他の教育・保育に必要な物品の購入に要する費用又は行事への参加に要する費用等を助成する事業
⑬ 多様な主体が本制度に参入することを促進するための事業	新規参入事業者に対する相談・助言等巡回支援や，私学助成（幼稚園特別支援教育経費）や障害児保育事業の対象とならない特別な支援が必要な子どもを認定こども園で受け入れるための職員の加配を促進するための事業

出所：『厚生労働白書 平成28年版』及び内閣府HP「地域子ども・子育て支援事業について」を基に筆者作成。

54

表4-3 地域型保育事業の名称と概要

地域型保育事業の名称	概　要
小規模保育事業	事業主体：市町村，民間事業者等 保育実施場所等：保育者の居宅，その他の場所，施設 認可定員：6～19人
家庭的保育事業	事業主体：市町村，民間事業者等 保育実施場所等：保育者の居宅，その他の場所，施設 認可定員　1～5人
事業所内保育事業	事業主体：事業主等 保育実施場所等：事業所の従業員の子ども＋地域の保育を必要とする子ども（地域枠） 認可定員：事業規模により異なる
居宅訪問型保育事業	事業主体：市町村，民間事業者等 保育実施場所等：保育を必要とする子どもの居宅 認可定員：子ども1対保育者1が基本

出所：内閣府・文部科学省・厚生労働省「子ども・子育て支援新制度ハンドブック（施設・事業者向け）」2015年，11頁を基に筆者作成。

図4-3　保育所等の入所の流れ――保育の必要性の認定

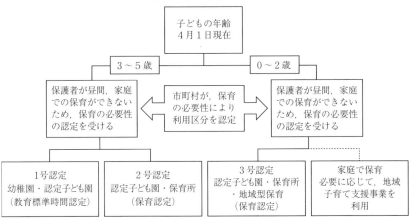

出所：内閣府HP『子ども・子育て支援新制度 よくわかる「子ども・子育て新制度」』を基に筆者作成。

村から利用のための認定を受ける必要があり，子ども・子育て支援法第19条に基づき，1～3号に認定される（表4-4）。

　保育を必要とする事由には，就労（フルタイムのほか，パートタイム，夜間，居宅内の労働等），妊娠，出産，保護者の疾病・障害，同居又は長期入院等してい

第Ⅰ部　保育者の子育て支援の特性

表4-4　保育所等利用のための認定

子どもの年齢	保育を必要とする事由	利用できる施設	利用のための認定
3～5歳	該当しない	幼稚園 認定こども園	1号認定
	該当する	保育所 認定こども園	2号認定
0～2歳	該当する	保育所 認定こども園 地域型保育	3号認定

注：新制度に移行していない幼稚園を利用する場合は認定を受ける必要はない。
出所：政府広報オンラインHP「あなたにあった支援があります！ご存じですか？」
　　　「子ども・子育て支援新制度」(https://www.gov-online.go.jp/useful/article/
　　　201510/1.html#hoiku_for_anchor)

る親族の介護・看護，災害復旧，求職活動（起業準備を含む），就学（職業訓練校等における職業訓練を含む），虐待やDVのおそれがあること，育児休業取得中に，既に保育を利用している子どもがいて継続利用が必要であること，その他，上記に類する状態として市町村が認める場合がある。また，保育の必要量として，保育を必要とする事由や保護者の状況に応じ，次のいずれかに区分される。

「保育標準時間」認定＝最長11時間（フルタイム就労を想定した利用時間）
「保育短時間」認定＝最長8時間（パートタイム就労を想定した利用時間）

3　保育所等への入所に関する保育者の関わり

　保護者は，子どもが保育所等に入園する際には，多くの場合，希望する保育所等に空きがあるかを確認し，実際に見学に行き保護者の利用ニーズ（保育時間，利便性など）や保育方針などから保育所等選びを行う。

　保育所等の入所にあたっては，前述の通り，保育を必要とする保護者のニーズに応じて，市町村が応諾や認定を行う。つまり保育所等の保育者は，入所前から見学等で保護者と出会い，入所の時点で，市町村と連携を図り，保護者のニーズを知り，子どもの最善の利益に鑑みた保育が円滑に行うことができるよ

う関わりはじめるのである。

　地域福祉推進の流れを受け，市町村において，地域における子育て支援のため，子育て家庭が交流できる集いの場を設け，子育てに関する専門的な支援を行う地域子育て支援拠点事業なども保育所等が委託を受け実施している。例えば，入所を検討している未就園児童や入所を希望している待機児童，地域の子育て家庭を対象として，各保育所等の行う子育て支援活動に参加している場合があり，そこでも保育者は，子どもとの関わり方を提示するような行動見本としての支援や保護者同士・子ども同士をつなぐ場の提供，一時預かり等のレスパイトやリフレッシュの機能を持った支援，子育ての困りごとや悩みの相談支援が行われている。特に相談支援の中での内容については，寄り添い聴き取り，記録し，必要に応じて，助言したり，保護者の同意を得た上で，関係機関と連携したりしてつないでいくこともある。

　この他，入所前のつながりとして，保育所等の利用に関しては，福祉事務所や児童相談所とのつながりがあり，それぞれの所長の取るべき措置として，保育の利用が必要であると認める場合（不適切な養育等）に優先的に入所させる場合もある。

4　本章のまとめ

　このように，子ども・保護者に関わる地域の関係機関や専門職等は，一見すると非常に多い。しかし，児童虐待などの子どもの問題が，今なお起きていることを考えると，「誰かが」「どこかで」という考えではなく，「気づいた機関・専門職が」「その都度対応」していくことで，早期発見・未然予防につながっていく。そうして，地域の子ども・保護者の安全安心のネットワークがきめの細かい"シルクのおくるみ"のように心地よく，安心して暮らせるよう守られていく。保育者は，日々子ども・保護者と出会っている。そのため，子ども・保護者のそれぞれの過程に寄り添い，ニーズに応じた，地域の社会資源というメニューを提供することが求められている。

第Ⅰ部　保育者の子育て支援の特性

── さらに考えてみよう ──

① 児童虐待，DV の支援，ひとり親家庭の支援等，それぞれの状況に
応じた資源について，どのような役割が期待されているか，また自分
の住む市区町村に対応する資源があるか調べてみよう。

② 保育者資格を取得後に従事することができる関係機関や専門職を調
べてみよう。またそれぞれの専門職の職務内容について調べてみよう。

参考文献

笠師千恵・小橋明子『相談援助　保育相談支援』中山書店，2014年。

内閣府「地域子ども・子育て支援事業について」（https://www8.cao.go.jp/shoushi/shin
seido/administer/setsumeikai/h270123/pdf/s3-1.pdf）2015年。

西尾祐吾監修『保育実践を深める相談援助・相談支援』晃洋書房，2017年。

吉田眞理『児童の福祉を支える子ども家庭福祉』萌文書林，2018年。

第Ⅱ部　保育者の子育て支援の展開

<table>
<tr><td>第 5 章</td><td>子ども・保護者の状況・状態の把握と
養育力向上</td></tr>
</table>

― 学びのポイント ―

　子育て支援の展開にあたって，保育者は保護者に寄り添い，保護者とともに考え，ともに育てる「子育てのパートナー」になることが大切である。パートナーとして信頼関係を築くためには，まずその保護者が今どのような状況に置かれ，どのような感情を抱き，どのようなニーズがあるのか，といった個別の理解が欠かせない。その上で，保護者自身が子どもと健康的で良好な関係を築いていけるように働きかける必要がある。本章ではその支援方法について学んでいく。

　①　現代社会における子育てのパートナーとなるために必要な姿勢を考える。

　②　日常の保育の一コマから保護者の状況・状態を丁寧に理解する方法を学ぶ。

　③　子どもの最善の利益を保障しながら保護者の養育力向上を目指す支援のあり方を考える。

　④　保護者の積極的な保育への参加を促す方法を学ぶ。

1　子ども及び保護者の状況・状態の理解

（1）　子育てのパートナーになるために

　「全国保育士会倫理綱領」の前文では，保育士は「保護者の子育てを支えます」というだけでなく，「子どもと子育てにやさしい社会をつくります」とも宣誓する（第2章参照）。保育者の子育て支援は，保護者の「子育てしにくさ」を社会に代弁したり，子育て中の親たちにとってインクルーシブな社会の構築に率先して働きかけたりすることも含んでいるのである。

　子育てにやさしい社会とはどのような社会であろうか。子育てしにくさの解消にはどのような課題があるだろうか。保育者は，常に子育て中の保護者の目線に立って，課題や問題を考えていかなければならない。この目線こそが，子

第 5 章　子ども・保護者の状況・状態の把握と養育力向上

育てのパートナーになり得る鍵となる。

　フランスの子育て事情を取材した髙崎順子は，フランスで子育てしやすいの
は，子育ては大変→親達だけではできない→まわりが手を差しのべるべき，と
いう国民の認識が社会の前提になっているからだと考察している[1]。言い換える
と，「親の育児能力に対する期待が低い」ということである。

　保育者こそが子育ての大変さの理解者となり，社会にある子育て中の親に対
する過度な期待や重圧を緩和する役割を担うことが必要であろう。しかし一方
で，子どもの心理や遊びに寄り添う保育者は，その技術が優れていればいるほ
ど，保護者の至らなさを見つけやすいという側面もある。保育者にとって望ま
しくない保護者の姿を，保護者個人の問題として捉えるのではなく肯定的に捉
え，保護者の周囲の環境に関心を寄せ，真のニーズを探らなければならない。
この姿勢は，支援を展開していく際の支援者の価値観，すなわち支援の前提と
なる。

（2）　状況・状態の把握の具体的方法

　子どもと保護者の状況・状態を把握する方法は，日常の保護者とのやりとり
の中にある。必要に応じて場所と時間を設定して専門的なケースワークを行う
場合もあるが，ほとんどの場合，日々のコミュニケーションこそが個別理解の
ための情報交換・収集のチャンス，即ち支援の展開の場となる。

1）送迎時の対話

　表 5 - 1 は，送迎時に得られる保護者に関する情報の一例である。これらの
情報を適切に把握することで，保護者理解を深めることができる。

　他方，目が合わない，挨拶してもらえない，名前を呼んでもらえない，笑顔
がない……，といった保育者の態度が，保護者の「心の澱」となり不信感や不
満につながっていくことが報告されている[2]。送迎時の情報把握と同時に，保育
者自身の態度について十分に配慮することもまた大切である。

①　朝の配慮事項

　朝は，どの保護者も忙しく，出勤時間に追われながら子どもと接している場

第Ⅱ部　保育者の子育て支援の展開

表5-1　送迎時に得られる情報の一例

朝	・保護者の出勤前の状況・心情 ・親子の分離不安の様子 ・保護者の子どもへの接し方 ・前日夜から朝にかけての子どもの様子と保護者の気持ち ・持ち物等の管理状況から見る保護者の園生活への関心度　など
夕	・保護者の迎え方と子どもの反応 ・保護者の仕事の状況 ・保護者の家庭での家事や育児の負担感（父母の役割分担） ・その日の子どもの様子を伝えた際の保護者の反応 ・お便りや連絡帳の補足情報を伝えた際の保護者の反応　など

合が多い。そのような中で子どもの分離不安を目の当たりにすると，保護者は不安や心配，イライラ感，罪悪感などネガティブな感情を抱くことになる。そのため保育者は子どもと保護者の不安や負担軽減に特に力を入れ，自然な笑顔と受容的な言葉掛けによる温かい対応を心がけることが大切である。

　前日の夜から朝にかけての子どもの様子を聞き，その状態を保護者がどう受け止めているかについても把握に努める。例えば，「今朝は子どもの機嫌が悪い」と保護者から伝えられたとき，保護者はその原因がわからず不安でいるのか，原因がわかっていて心配のない状態なのか，原因がわかっているから日中保育者にこうしてほしいというニーズを持っているのかなど，子どもの状態の背景と，それに伴う保護者の感情や思いを捉える必要がある。ここでの的確な情報収集により，日中の子どもへの保育のあり方と，お迎え時の保護者とのやりとりをより豊かなものにすることができる。

　また，保護者の園生活への関心度を測るためにも，当日必要な持ち物に対する保護者の管理状況や，身支度を行う様子などもよく観察して把握に努めたい。

②　夕方の配慮事項

　お迎え時は，保護者を温かく迎え入れ，1日の仕事や家事労働に対する労いの姿勢を持つこと，及び「我が子が1日どのように過ごしていたか」「寂しい思いをしていなかったか」と不安に思う保護者の気持ちに寄り添うことが大切である。「特に変わったことはありません」「今日も変わらず元気でした」等の

第5章　子ども・保護者の状況・状態の把握と養育力向上

定型句ではなく，その日の子どもの具体的なエピソードの中に保育者が捉えた発達の姿を端的に交えて伝えることが重要である。エピソードを保育者側が積極的且つ具体的に伝えることで，「家庭ではこう」という情報を引き出しやすくし，単なる情報伝達ではない情報交換が可能になる。

　この時間は，連絡帳に記入しきれなかった情報や文章で残すと誤解を招きそうな情報について直接口頭でやりとりできる重要な機会ともなるので，保育者は連絡帳で質問されたことへの回答や，怪我等の説明・謝罪を丁寧に行うことを心がけるとよい。

　また，園便り等の補足情報を伝えたり，保護者同士の関わりを促したりするなど，保護者の園生活への積極的な参加につながる声かけに配慮する。さらに，朝よりも時間に余裕のある保護者は，お迎えの時間に我が子以外の子どもの姿が目に入り，他児と自分の子どもを比較する場ともなる。「他の子はこんなにできているのにうちの子は……」と焦りを募らせるケースもあるため，1日の子どもの様子の報告に際しては，保育者が子どもの個性を肯定的に捉えたエピソードを保護者と共有する意識を持つことが大切である。

2）連絡帳

　連絡帳は，保護者と保育者の共同作業による子どもの成長記録であるとともに，保護者の子育て記録にもなる。早朝保育や延長保育の利用により保護者はいつも担任保育者と送迎時のやりとりができるとは限らない。さらに人見知りや話をするのが得意でない保護者にとっては，連絡帳が担任保育者との関係を築く最も貴重な手段の一つとなる。

　乳児クラスでは，体温，排便，食事の内容などを細かく記述する形式になっているところが多く，まずは子どもの心身の状態の客観的事実の把握が大切である。一方で，乳児・幼児に共通して家庭から子どもの状況を自由に記述してもらう欄では，表5-2・3のように，家での子どもの様子と，その子どもの姿を保護者がどう捉えて，どのような感情を抱いているかの情報を得ることができる。連絡帳を支援ツールとして有用なものにするためには，この保護者の感情に寄り添う姿勢が重要である。連絡帳記入の際の配慮事項は次の通りである。

63

第Ⅱ部　保育者の子育て支援の展開

表5-2　保護者を不安にさせる連絡帳の例（1歳児クラス）

家庭から （母記入）	最近毎日お風呂に入るのを泣いて嫌がり，苦労しています。一度入ってしまうと今度は出るのを嫌がり，服を着てくれません。歯磨きもイヤで寝支度がすすまず，まずいと思いながらも，絵本も何度も読まないと寝ないので，結局今日も寝付くのが22時を過ぎてしまいました。ヘトヘトです……。
園から （担当保育者）	寝るのが遅いために，園では給食中にウトウトすることが多く，食事がすすみません。もっと早く眠れるようにしてあげたいですね。母親の焦りや疲れは子どもに伝わります。余裕を持って接してあげてください。

表5-3　保護者をエンパワメントする連絡帳の例（0歳児クラス）

家庭から （母記入）	夕飯の後は機嫌よく絵本を読んで過ごしました。ただ，夜寝る前の歯磨きに，相変わらず大泣きして暴れます……。押さえつけて磨かなくてはならず，私も子どもも汗だくです。いつになったらスンナリ歯を磨いてくれるのかと，憂鬱になってしまいます。
園から （担当保育者）	歯磨き大変でしたね，本当にお疲れ様です！　園では泣かずに歯磨きさせてくれるので，夜はきっとお母さんともっと一緒に遊びたくて甘えているのでしょうね。 　園では「アーのお口，イーのお口」と歌いながら磨いています。「歯磨きする？」と聞くと，どうしても嫌だと首を強く振るなど，園でもだんだんと主張してくれるようになってきています。そんな時は，「わかった，それじゃあもう少しあとでね」と時間を置くようにしています。 　今日は公園にお散歩に行きました。お友達と手をつなぎ，手が離れると「て！」と言ってまたつなぎ直し，上手に沢山歩いていました。

① 子どもの姿に対する温かい眼差しを記述して，子どもを肯定的に捉えるモデルとなる。

② 保育者が捉えた発達の姿を記述して保護者が子どもの発達を実感し見通しを持てるようにする。

③ 他の児と比較しない。

④ 園で行っている実践を伝え，子育てのヒントを提供する。

⑤ 助言する際は保育者の価値観や評価基準を示すのではなく，子どもの気持ちを代弁するような記述を心がける。

⑥ 悩みに対しては，共に考えるという姿勢を示して頼れる存在があることを知らせる。

⑦ 保護者の記入内容に応答して，双方向のやりとりが実感できるように

する。

　保護者の気持ちに寄り添う記述があると，保護者は，保育者に対して「子育ての愚痴を言ってもよい」「恥ずかしくて聞けないことを書いてもよい」と安心でき，より個別的な状況・状態の情報収集が実現する。

　保護者の記述が少なくこれらの情報を得ることができない場合は，保育者が率先して子どもの個人的なエピソードを具体的に記入し，「ご家庭ではいかがですか？」と保護者の記入を促してみる。忙しくて書けないという保護者に対しては，送迎時に直接情報を収集し，聞き取った内容を付箋にメモして貼り付けておくなどして，家庭からの情報を大切に扱っていることを示す工夫が求められる。このようにして家庭での子どもの状況と保護者の気持ちを引き出すことにより，保護者の気持ちに共感し，ストレスの緩和につなげることができる。

3）保護者面談

　個人面談は，担任保育者と保護者が日時を設定して年に1回から複数回行われる場合が多い。これ以外に，適宜必要に応じて行う場合もある。送迎時や連絡帳では対応しきれない子育ての悩みや，園やクラスに関する疑問や要望などを聞き出す機会，及び子どもの発達の課題等に保護者とともに取り組む機会あるいはその契機とすることができる。

　保護者面談における配慮事項は次の通りである。

①　面談する保護者のプライバシーが確保され，周りを気にせず話ができる環境・空間を整える。
②　保護者の語りを傾聴し，現在の保護者の心情を受容する。
③　園での子どもの様子を肯定的に伝える。その上で，子どもの現在の育ちや課題を明らかにする。
④　保護者の意思を尊重しながら今後必要となる対応について検討する。

　傾聴の際は，受容と共感の態度が大切となる。しかしバイスティック（F.P.

第Ⅱ部　保育者の子育て支援の展開

Biestek）は，いかに共感の言葉を並べても，「それがワーカーの心をきちんと通過したものでなければ効果はない」そして「クライエントは，心を通過しないワーカーの言葉を見抜くもの」だと指摘している[3]。保護者に表面的な対応だと感じさせないよう，保育者の真摯な姿勢が求められる。

　保育者から子どもの様子を伝える際は，子どもの問題・課題など否定的な内容に終始すると，保護者は自分が責められた気になり，不安やイライラの矛先が子どもに向いて逆効果となることがあるため，まずは子どもの肯定的な部分について十分共有した上で課題について検討することに配慮する。子どもの課題と保護者の受け止め方について，その場で評価・判断をせずにはじめは傾聴に徹し，客観的な観察による理解に努める。そして面談後に子どもの最善の利益の観点から子ども及び保護者との関わり方について検討し，継続的な支援へとつなげていきたい。

── 演習課題（ワーク）──担任保育者として連絡帳に回答する ──

(1)ね ら い

　日常的・継続的支援ツールの一つであり，子どもと保護者の状況・状態の理解のための貴重な資料となる連絡帳では，受容と共感の姿勢を文章によって示すスキルが求められる。保護者の子育ての悩み等の記述に対しては，プロとしての助言も求められる。

　担任保育者になったつもりで連絡帳の回答欄を検討・作成し，記入時に必要な配慮とスキルについて考え，文章力の大切さについても実感してほしい。

(2)ワークの進め方

①　表5-2の保育者の回答を読み，保護者が不安になる要因を検討した上で，望ましい記述のあり方について考え，自分なりの回答を作成する。

家庭からの記述 （母記入）	最近毎日お風呂に入るのを泣いて嫌がり，苦労しています。一度入ってしまうと今度は出るのを嫌がり，服を着てくれません。歯磨きもイヤで寝支度がすすまず，まずいなと思いながらも，絵本も何度も読まないと寝ないので，結局今日も寝付くのが22時を過ぎてしまいました。ヘトヘトです……。
園からの回答 （担当保育者）	

② 　5人程度のグループになり，自分が作成した回答と，何故そのような記述にしたのか理由を発表する。

③ 　グループ内で連絡帳記入の際の大事なことについてディスカッションを行い，改めてグループとしての回答例を作成する。

④ 　グループの代表者がクラス全体にグループの回答例とその理由を発表する。

2　保護者の養育力向上

（1）　保育者によるエンパワメント支援

　保育者による子育て支援は，子育て中の保護者に対して「私に任せなさい」「私がやってあげる」といった一方通行のお世話やお手伝いではない。また，「親なら基本的なことはできて当たり前」という感覚の下，より専門的な保育・養育の知識や技術を指導・教授することでもない。子どもの誕生とともに親自身もゼロからスタートすることになる「子育てという道のり」の伴走者（サポーター）となり，親自身が子育てをめぐる自分の能力や強さを見出せるよ

第Ⅱ部　保育者の子育て支援の展開

うに支援をしていくことである。そのためには，子育ての主体者である親の意思を尊重し，親自身の子育ての楽しさや有能感を育むエンパワメントの視点と，保育者と保護者が相互に支え合うインターディペンデンス[4]の関係が重要となる。

　保育所保育指針では，このエンパワメントの支援を「保護者が子育てを自ら実践する力の向上に資する」または「保護者が子どもの成長に気付き子育ての喜びを感じられるように努める」と表現している。

── ある保育士の語り──3歳児の父親のオムツ外し ──

　私が3歳児クラスの担任をしていた時，クラスの男児の父親から「夜のオムツがとれない。ウンチはオムツじゃないと出せない」と相談がありました。父親は「自分は3歳でオムツが取れたから」という理由で，オムツ外しを頑張りたい様子でした。男児は元気で明るく，周囲に気を配るタイプですが，プレッシャーに弱い面があったため，あまり焦らせない方がよいと思いました。園ではトイレで排便ができるようになったため，家で成功しないと焦る父親に，「オムツが外れる時期には個人差があり，いつかは必ずできるようになるから焦らないで」と話しました。しかし父親の焦りはおさまらず，男児がトイレに行かないことで男児を責めるようになるほどでした。そこで私は，父親に会うときは男児のトイレの話題を避けて見守ることにしました。

　しばらくすると，ついに男児が家のトイレでウンチに成功したと報告がありました。その方法は「父が考案して細工した穴のあいたオムツをはいてトイレに座ること」でした。「試行錯誤の末自分のアイデアで成功して嬉しかった」「息子と一緒に喜んだ」と，父親自身が連絡帳に喜びを綴りました。その時私は，子育ての方法は家庭によって様々で，保育士が知っていることや経験がその家庭の答えではないことを痛感しました。保育士はつい経験からものを言ってしまいがちですが，答えは保護者が見つけるものです。「焦らないで」というだけで，一緒に考えてあげられなかった自分を反省しました。

　保育者は子どもの発達段階を理解しているため見通しを持って子どもの発達を見守ることができる。しかし特に初産の親は見通しが立たず，発達のモデルは自分自身の幼少期くらいであることが多く，少ないモデルとの比較から不安に陥ることがある。

　この事例では，父親の焦る気持ちと，なんとかオムツを外してあげたいとい

68

う親心に対して，「お父様がそうだったのであれば焦ってしまいますよね」や，「早くオムツを外したいと思っているのですね」と，まずは保護者の気持ちを受容し，寄り添い，親自身の考えを尊重しながらも，いかにして男児のプレッシャーにならずにトイレトレーニングを進められるかを共に考えようとする姿勢を持つことが重要であった。焦る父親に「焦らなくてよい」と言うだけでは，親の考えを否定するのと同じになってしまうことに，この保育士は後で気づくことができた。他の児の時間のかかった事例を示したり，失敗しても子どもを責めないようにフォローしたりして，保護者が自ら子育てを実践する力を付けて子育ての喜びを感じられる道のりを模索することが大切である。

── ある母親の語り──登園しぶりの対応の思い出 ──

　2歳児クラスに進級してすぐの事でした。私（母親）が促しても，ユウキは毎日登園を嫌がりとても大変でした。ある日，ユウキの大好きなアニメのキャラクター図鑑をどうしても園に持っていくときかず，泣き喚きました。園では家の玩具などの持ち込みが禁止されていたので，バッグにもロッカーにも隠せない大きな図鑑を持っていくことはできず，私は「ダメなの！」とユウキから図鑑を引き離して登園しました。部屋に入っても泣き止まず，担任の先生が声をかけてくれたので，図鑑を持ってきたがったことを説明しました。先生は，「そうか，ユウキくんはキャラクターと一緒に来たかったんだね」となだめてくれた後，私に「ユウキくんのお父さんは絵が上手だから，もしご負担でなければ，キャラクターを絵に描いて，その紙をポケットに入れてきたらどうでしょうか。それならば一日中一緒にいられるから！」と提案してくれました。夫が時々連絡帳に描いていたちょっとしたイラストを先生は見逃さずに覚えていてくれたのです。絵を褒められた夫は喜んでたくさんのキャラクターを小さな紙に1枚ずつ描いてくれたので，私はその中から一つ選んで玄関に貼りました。朝，ユウキに玄関の絵を見せて「一緒に行こう！」と言うと，ユウキは大喜びで紙を握りしめて登園しました。園に着くと先生に絵を見せて自慢しました。それから数週間絵を玄関に貼って一緒に登園する日が続き，その間先生達は毎朝ユウキに「今日は誰と一緒に来たかな？」と楽しそうに聞いてくれ，私達夫婦のことも「毎日描いてすごい！」と褒めてくれました。

　自我が発達し，自己主張が強くなる子どもに対して「ダメ！」と言う以外の方法を日々模索している保育者は，プロとしてさまざまな対応の仕方を考える

第Ⅱ部　保育者の子育て支援の展開

ことができる。この事例では，保護者が「ダメ！」としか言えない状況を否定することなく，また保育者自身が子どもに絵を描いて解決してしまうこともなく，保護者自身が問題解決の主体として役割を担える環境を整えた。それによって父母それぞれが達成感を味わいながら，子どもの欲求を満たすことができ，母親の記憶に良い思い出として刻まれることとなった。

　子どもの最善の利益を保障する観点はもちろん，ある課題に直面した保護者に対しても受容や共感，支持の態度をもってエンパワメントに向かう道を考えることは，保育者の重要な仕事の一つである。

（2）　養育力向上のための具体的な取り組み

　「保育所保育指針解説」には，「保護者の養育力の向上につながる取組としては，保育所を利用している保護者に対しては，保育参観や参加などの機会を，また地域の子育て家庭に対しては，行事への親子参加や保育体験への参加などの機会を提供することが考えられる[5]」とあり，保護者同士の交流や相互支援又は保護者の自主的活動を支える視点の重要性が明示されている。

1）保護者懇談会

　保護者懇談会は，保護者会，クラス連絡会，懇談会等と呼ばれ，年に2回前後クラスごとに開催される。保護者にとっては，担任保育者からの情報収集だけではなく，同じクラスの保護者と知り合い，つながり，子育ての様子や悩みを共有できる貴重な時間となる。この時間を担任保育者が適切にファシリテートすることで，保護者自身が子育ての課題解決の糸口を発見したり，安心感を得たり，エンパワメントの場として機能させることができる。

　保護者懇談会では子どもの話をするため，子どもは別室で保育する形をとり，保育者と保護者だけの環境設定が望ましい。そして適切なファシリテートには，相談援助技術におけるグループワークの知識・技術が必要になる。その技術を親のエンパワメント支援に活かしているカナダの親支援プログラム Nobody's Perfect は，プログラムのファシリテーターを次のように定義している[6]。

第 5 章　子ども・保護者の状況・状態の把握と養育力向上

① ファシリテーターは上司ではなく同志である

② ファシリテーターは教師ではなく学習者である

③ ファシリテーターは話す人ではなく聴く人である

④ ファシリテーターはリーダーではなく支援者である

⑤ ファシリテーターは人と人を結びつける

⑥ ファシリテーターは親が個人としてまたグループとして力をつけるのを助ける

⑦ ファシリテーターは場の観察者であり参加者でもある

　ファシリテーターとなる保育者は，参加する保護者一人ひとりが，居心地が良いと感じられるような雰囲気づくりを意識し，人前で発言が苦手な人への配慮や，多様な価値観が受け入れられるような配慮が必要となる。保護者懇談会の一般的な流れは，①簡単なアイスブレイクによる保護者同士の自己紹介またはより深く知り合う紹介，②クラスの普段の様子をスライド写真等により紹介，③園の方針や指導計画等の情報提供と園やクラスへの要望についての話し合い，④参加者による家庭での子どもの様子の情報提供もしくはテーマに沿ったディスカッションや参加者の自由な意見交換等の懇談，である。保護者懇談会の案内の際に，保護者から希望のテーマや取り上げたいこと，園への要望などを事前に収集してから実施されることもある。

2）保育参観・保育参加

　保育参観は，保護者にとっては保育者の保育のあり方を吸収し，集団における子どもの姿を見て新しい発見をしたり，我が子の個性を再認識したりする機会となる。日常の保育の様子を子どもに気がつかれないように保育室・教室の窓から覗いて観察するようなスタイルのものから，クラスに入って見学するもの，子どもと一緒に保育を体験するものまで，保育施設によってさまざまである。いずれも普段の保育者と子どもの様子を観察することが目的であり，保護者の動きは受動的である。

　これに対して，近年では，保護者がより能動的に参加するスタイルの「保育

第Ⅱ部　保育者の子育て支援の展開

参加」を取り入れる保育施設が増えてきている。保育参加は，「1日保育士体験」や「パパ・ママ先生」等の名称で行われ，保護者が保育者の代わりに絵本を読み聞かせたり，子ども達と手をつないでお散歩に同行したり，半日から1日単位で保育に積極的に参加するものである。

　ただし，積極的かつ能動的な参加に躊躇する保護者は少なくなく，「保育参加」は強制ではないため，多くの保護者に体験してもらえるとは限らない。そこで，保育施設によっては，参加者の声を掲示して非参加者にも興味を持ってもらったり，1年中保護者の都合に合わせていつでも参加できるように実施時期を拡大したり，終了時に参加者に認定証を贈呈して参加の喜びを演出するなど，参加率を増やす工夫がさまざまに行われている。例えばギターの得意な父親が参加して子ども達にギターの弾き語りを披露するなど，保育参加の機会を利用して保護者の趣味・特技を子どもとの関わりに活かす経験へと発展したケースもある。保護者が能動的に集団保育の担い手の一助となることは，子どもとの関わりに自信をつけるのと同時に，多様な子ども達と触れ合い発達の個人差を理解する機会ともなり，養育力の向上の支援として有効である。

───　**演習課題（ワーク）──保護者懇談会時のアイスブレイクを考え実践する**　───

(1)ね ら い

　保護者懇談会では，保護者と保育者はもちろんのこと，保護者同士が関係を深める機会でもあることも意識しなければならない。数あるアイスブレイクから，保護者懇談会に活用できそうな，楽しんで自己紹介できる（またはより深く知り合える）アイスブレイクを検索・収集し，実際にアイスブレイクをファシリテートすることで，グループワーカーとしての実践力を身に付けてほしい。

(2)ワークの進め方

①　クラス担任として保護者懇談会を実施すると仮定し，クラスの年齢，人数，懇談会の時間等を設定する。さらに懇談会冒頭で行うにふさわしい「アイスブレイク」を考え，ワークシートに記入する。アイスブ

第 5 章　子ども・保護者の状況・状態の把握と養育力向上

レイクは，自己紹介や保護者の情報把握につながるような内容のもの
が望ましい。

ワークシート

クラスの設定		＿＿＿歳児クラス　　男児＿＿＿人　　女児＿＿＿人
保護者懇談会		＿＿＿月の保護者懇談会（＿＿＿回目） ＿＿＿：＿＿＿時〜＿＿＿：＿＿＿時　　参加人数＿＿＿＿人
アイスブレイク	タイトル	
	内　　容	
	方　　法	
	留意事項	

② 　5人前後のグループをつくり，考えてきたアイスブレイクを順番に
実践する。保育者役（ファシリテーター）は事前にクラスの設定を説
明してから実践する。保育者役以外のグループメンバーは，保護者役
となって参加する。保護者役は必要があれば自分の子どもの性別・年
齢・名前・性格等を設定しておく。

③ 　保育者役として実践した感想，保護者役として参加した感想につい
て共有する。

3　本章のまとめ

子どもの発達支援には，子ども理解と子どもの主体性や個性の尊重が欠かせ
ない。これは，保護者支援にも当てはまる。しかし保護者の場合，一人ひとり

第Ⅱ部　保育者の子育て支援の展開

の生活の様子を毎日観察することはできず，感情表出の仕方も複雑である。保育者はそれを丁寧に読み解くために，送迎時や連絡帳，園行事などあらゆる機会を活用して保護者の状況を理解するアンテナを張り，意図的に情報を引き出すスキルを身に付けなければならない。また，保護者はさまざまな生活歴と価値観を有している。そのあらゆる生活文化や価値観が否定されないように，保育者は多様な価値観を受け入れるための柔軟な視野を養うことが求められる。

注

(1)　髙崎順子『フランスはどう少子化を克服したか』新潮新書，2016年，13-15頁。

(2)　保育園を考える親の会『保護者の「ホンネ」がわかる本——アンケートに見える感謝と不満から学ぶともに育てるヒント43』ひかりのくに，2009年，9頁。

(3)　F.P. バイステック／尾崎新・福田俊子・原田和幸訳『ケースワークの原則——援助関係を形成する技法』誠信書房，1996年，92-93頁。

(4)　インターディペンデンス（interdependence）は，「相互依存」と訳され，相談者と援助者の自立に向かうための健康的な依存関係のことを指す。「頼り合い」や「共助」と捉えられることもあり，共生社会のための重要な概念の一つといえる。

(5)　厚生労働省「保育所保育指針解説」2018年，346頁（https://www.mhlw.go.jp/file/06-Seisakujouhou-11900000-Koyoukintoujidoukateikyoku/0000202211.pdf，2018年9月アクセス）。

(6)　J.W. Catano／千田令子訳『ノーバディズ・パーフェクト——ファシリテーター・ガイド』子ども家庭リソースセンター，2008年，23-24頁。

(7)　集団の場の雰囲気を和ませるきっかけをつくるための簡単なゲームやクイズ，運動などのこと。参加者の緊張感を解き，相互理解やコミュニケーションを促進するために活用されるグループワークの一手法。

参考文献

柏女霊峰・橋本真紀『増補版 保育者の保護者支援——保育相談支援の原理と技術』フレーベル館，2010年。

萩原久美子『迷走する両立支援——いま，子どもをもって働くということ』太郎次郎社エディタス，2006年。

古川繁子編著『保育相談支援ワークブック』学文社，2016年。

| 第6章 | 子育て支援の計画と環境の構成 |

---— 学びのポイント —

　子育て支援を実践する際には，目指すべき目標やねらいを設定し，計画的に支援を行うことや，子どもの最善の利益を考慮しつつ，保護者の養育力の向上を促す適切な環境を構成することが重要となる。本章では，保育所における子育て支援の計画の考え方と実際の計画作成の方法やポイントなどを説明する。また，子育て支援の環境構成に関して，「人的環境」「物的環境」「空間的環境」の3つに分けて説明する。

　　①　保育所における子育て支援の計画の考え方と具体的な計画作成の方法を理解する。

　　②　保育所を利用している保護者に対する子育て支援の計画について理解する。

　　③　子育て支援を支える環境の基本的事項について，「人的環境」「物的環境」「空間的環境」という3つの視点から理解する。

1　子育て支援の計画

（1）　子育て支援の計画とは

　子育て支援の活動を行う際，なぜ計画を立てるのだろうか。それは，保育者が子育てに関する専門的知識・技術を背景としながら，長期的，多面的に支援していくことが求められるからである。支援を行うためには，子どもと保護者の関係，保護者同士，子どもや保護者と地域の関係を把握し，対象を深く理解した丁寧な計画が必要とされる。

　ここではまず，保育所の保育の計画において，子育て支援の計画がどのように位置づけられるか説明する。保育の計画には，入所から就学に至る在籍期間全体にわたって，保育の目標を達成するために，どのような道筋をたどり，養護と教育が一体となった保育を進めていくのかを示す「全体的な計画」がある。

第Ⅱ部　保育者の子育て支援の展開

図6-1　保育所における保育の計画の体系と子育て支援の計画の位置付け

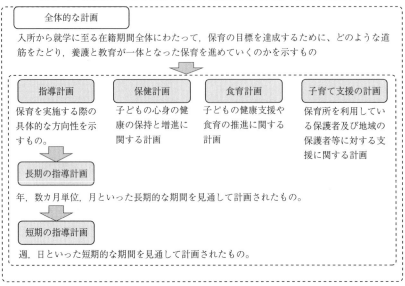

出所：「保育所保育指針解説」を基に筆者作成。

　さらに，「全体的な計画」に基づき作成され，保育を実施する際のより具体的な方向性を示す「指導計画」，心身の健康の保持と増進を図ることを目的とする「保健計画」などがある。「子育て支援の計画」は，図6-1に示したように「全体的な計画」を下に作成され，保育所を利用している保護者及び地域の保護者等に対する支援を行うことを目的としている。

（2）　保育所を利用している保護者に対する子育て支援の計画

　保育所における子育て支援は，子どもの健やかな育ちを願い，「保育所を利用している保護者」と「地域の保護者等」に対して行われる。ここでは，「保育所を利用している保護者」を対象とした子育て支援の計画を詳しく見ていく。

１）子育て支援の計画作成の基本的な手順

①　子どもや保護者の実態の把握

　保護者の実態を把握するための視点として，「子どもに対する愛情や意識」

「子どもへの願いや期待」「保護者同士の関係」「乳幼児を教育・保育する施設への期待」「家庭の雰囲気や生活のしかたや姿勢」といった5つを挙げることができる[1]。保護者が子どもをどのように見ているか，どのように育ってほしいと願っているか等，計画の作成には，保護者や家庭の実態を把握することがまず重要である。

② 活動内容を設定する

子育て支援の計画は，長期的な見通しを持ち，季節や行事等を意識して計画することが大切である。留意すべき事項としては，子どもの成長や発達に即してその時期にふさわしい内容が経験できるようにすること，また，実施時期として子どもの体調面や保護者の家庭や仕事のことに配慮する必要がある。実際に保護者が園の保育に参加する活動を計画する場合，子どもがゆったり活動する時間と活発に動く時間のバランスを考えることや，保護者に活動内容や意図を説明する時間を持つことが大切となる。

③ チームで立案する

子育て支援の計画を立てる際には，職員間の共通理解を図ることが大切となる。園全体で子育て支援に取り組む体制を整えることが求められるため，保育者間で共通理解を図り，連携して子どもや保護者とかかわることが重要となる。計画を立てる際にチームで話し合うことは，子どもや保護者の成長をサポートする体制を整えていくことにもつながる。そのためにも保育者一人ひとりが，園や地域の子育て支援で担うべき自分達の役割を常に意識しておくことが望まれる。

2）子育て支援の計画の実践例

① 年間の子育て支援の計画

図6-2に示した例は，ある保育所の年間の子育て支援に関する計画である。家庭や地域との連携や行事等に配慮して，1年間を1期（4・5月），2期（6～8月），3期（9～12月），4期（1～3月）の4期に分けて作成し，時期に応じたねらいや内容を設定している。

内容を見てみると，第1期（4・5月）は入園や進級当初のため，まず保護

第Ⅱ部　保育者の子育て支援の展開

図6-2　年間の子育て支援の計画（例）

	1期（4・5月）	2期（6〜8月）	3期（9〜12月）	4期（1〜3月）
行事	●入園式 ●保護者会	●保育参観 ●個人面談 ●夏祭り	●運動会 ●保育参観 ●作品展	●保護者会 ●お別れ会
保育者の支援	●家庭と園とで子どもの様子を連絡帳に書いたり，送迎時に伝え合ったりする中で，信頼関係を築いていく。（継続して行う） ●子育ての悩みや疑問など，保護者の気持ちを十分に受け止め，保護者の立場に立った視点で丁寧に関わる。（継続して行う） ●寝返りやハイハイなど，発達に応じた遊びや関わりを紹介し，子どもの姿を伝え合い，園と家庭が相互に成長を喜び合える関係を築く。（継続して行う） ●感染症が出た際には，保護者が理解して対応できるよう，クラスだよりや口頭，掲示で知らせる。（継続して行う） ●健康面やアレルギー，家庭での過ごし方について連絡を取り合い，共通理解を図る。（継続して行う） ●保育園の支度等，分からないことは保護者一人一人に丁寧に知らせる。 ●普段の食事や病気時の食事などの配慮の仕方を，細かく具体的に話しながら伝える。	●保育参観と個人面談を行うことで，更に保育園での生活を理解してもらい，信頼関係を深める。 ●沐浴や水遊びが安全に行えるよう，健康状態や準備物の確認など，保護者に丁寧に伝え，連絡をしっかり取る。 ●子どもの体調を伝え合いながら，夏に流行する感染症についても細かく知らせ，健康に過ごせるようにする。	●保育内容や子どもの様子をこまめに伝え，成長の喜びを共感し合う。 ●十分に安全な探索活動を楽しめるよう，保護者に室内の環境の整え方について伝えたり，相談にのったりする。 ●今後夏の疲れが出てくることを伝え，十分休息を取る大切さを伝える。 ●体と共に感情も育ち，自己主張も出てくるため，子どもへの対応も変わるので保護者とも話すと共に，クラスだよりなどでも取り上げる。 ●スプーンや，テーブルと椅子を使っての食事に徐々に移行するので，家庭と連携して進められるよう話す。	●新年度に向けた準備について，事前に丁寧に話し，不安なく進級できるようにする。 ●保護者会を通して，子どもの様子や成長の喜びを共感する。 ●保護者同士の話し合いを設けて，意見交換の場を提供する。 ●進級への不安などを受け止め，親子ともにケアしながら，一年間の成長を喜び，共感する。

出所：横山洋子『0歳児の指導計画』ナツメ社，2018年，222-223頁，一部抜粋。

第6章　子育て支援の計画と環境の構成

者との相互理解を図り，信頼関係を築くために，保育所の考えや保育の意図，生活上の連絡事項などを丁寧に説明することが目指されている。また，連絡帳や送迎時のやりとりを通して，保育や子どもに関する情報交換を綿密に行い，保護者との関係を築くことが図られる。さらに，図6-2を見ると，保護者の気持ちを十分に受け止め，保護者の立場に立った視点で丁寧に関わることが，年間を通して基本となる保育者の姿勢として示されている。

　第2期（6～8月）では，保育参観（参加）や個人面談の計画がなされている。この時期，多くの園で保育参観（参加）や個人面談が計画される。保育参観（参加）では，保護者が実際の保育を見たり参加することを通して，子どもの園生活の様子を知ることでき，子どもの成長に気づけるような環境や活動内容の工夫が求められる。また，保護者が他の子どもの様子を見て，自分の子どもの育ちを客観的に捉えることや，おやつの食事の時間を保育参観（参加）に含めることで，食に対する保護者の関心を促すといった視点を保育者が持つことも重要となる。個人面談では，保護者の子どもや園への思いなどを聞き取った上で，保護者の状態に応じて子どもの育ちや保育の意図を説明し，保護者との相互理解ができるよう努めることが求められる。

　第3期（9～12月）は，運動会や作品展といった行事が行われ，保護者が園に訪れる機会も多くなる。子どもの成長や変化が著しい時期であるため，保育内容や子どもの様子をこまめに保護者に伝え，成長を喜び合うことが重要となる。また，保護者の主体性や自己決定を尊重するためにも，保護者同士の関係をつくるための交流活動や保護者の自主的活動などを支える視点を持つことが大切となる。

　第4期（1～3月）は，1年間を振り返り，保護者と子どもの成長を確認するなど，進級への期待につながるようにすることが目指される。また，新年度に向けた準備について事前に丁寧に話し，不安なく進級できるように配慮することが重要となる。

　②　保護者の保育参加の指導計画

　ここでは，0歳児クラスにおける保育参加の指導計画を例として取り上げる

79

第Ⅱ部　保育者の子育て支援の展開

（図6-3参照）。保育参加とは，保護者が園生活に参加し保育体験を行う活動といえる。では，保育参加を計画する場合，どのような配慮が必要であろうか。ここでは，保育参加の指導計画を作成する際に重要となるポイントを時系列に添って説明する。

登　園　時　　配慮する点として，保護者を温かく園に迎えられるよう挨拶することや，子どもの様子，保護者の子どもへの関わり方，親子のやりとりの様子などを観察することが重要となる。また，登園時の環境設定として親子がスムーズに入室できるように入口を整えたり，保育参加の目的や活動の流れが明確になるような資料を用意することが重要となる。

自由遊び　　保護者が，子どもの成長を感じられるような遊びの環境を用意することや，用意した遊具や素材の意図を保護者に説明できるようにしておくことが重要となる。また，保護者が参加して人数が多くなっても，子どもたちが安全に活動できるようスペースを確保するといった視点をもつことが重要となる。

生活援助　　保育者の働きかけが行動見本となり，家庭での関わり方の気づきが得られるように配慮する。図6-3でも，子どもに共感し一緒に片づけをする保育者の姿勢や関わりが示されている。また，園のおやつや食事などのメニューや栄養素，調理方法などを説明することで，子どもの食に対する保護者の意識を高めるといった視点をもつことも重要となる。

散歩（主な活動）　　図6-3の例では，散歩が活動に入っている。活動の準備として散歩の経路を下見し，安全面や衛生面を確認して散歩マップを作り保護者に配布することや，落ち葉や木の実などを持ち帰れる袋を用意するといったことが考えられている。いずれの活動でも共通することだが，保護者を迎える準備を丁寧に行うことで，保護者が保育参加を通して得られる経験の質も深まるといえる。

保育参加後から降園まで　　保育参加で経験した内容が家庭でも楽しめるように，歌った歌の簡単な楽譜や手遊びなどを紹介した資料を用意しておく。また，園長や主任などが参加し，保護者の意見や質問などを聞き，話し合いが行

第6章　子育て支援の計画と環境の構成

図6-3　保育参加の指導計画（例）

（0歳児クラス10月○日に実施）

最近の子どもの姿	・園庭の落ち葉などの自然物に触れ，保育者に見せたりしながら喜んでいる ・身近な人や欲しいものに興味を示し，自分から近づいていこうとする		
ねらい	・秋の自然に親しむ ・保育者や友達，保護者と一緒に散歩をすることを楽しむ		
活動内容	・植物や生き物を見たり触れたりしながら，散歩をする		
時刻	保育の流れ（○）と環境構成（◎）	予想される親子の姿	指導（援助）活動および留意点
8:00	○随時登園 ・保護者に挨拶し，案内する。 ・健康観察をする。 ・身支度や持ち物の整理をする。	・保護者に抱かれ，保育者と目が合うと笑顔を見せる。	・本日の活動に対し，事前に保護者に渡しておいた進行表や散歩マップを見ながら遊びについてと活動の目的について簡単に説明する。
9:15	○自由遊び ・ぬいぐるみ，積み木，布製のガラガラ，布製のボールなどで遊ぶ。 ◎手に触れて音のでる玩具，動かして遊べる玩具など子どもたちの発達状況に応じて，発達を促すような手作りの玩具を準備する。	・子どもは，好きな玩具を見つけ，保護者は，子どもの楽しい気持ちに共感したり，子どもの思いを言葉にして伝えたりしている。	・子どもたちが，やりたい遊びを十分に楽しむことができるように玩具をその子どもの思いを受け止められるように，落ち着いた空間を設定する。
9:40	○片付け ○オムツ交換 ○おやつ	・保護者は子どもが楽しんでいる遊びを共感しながら，子どもと一緒に片づけをする。	・保育者は，子どもたちの遊びたい気持ちを受け止めつつ，友達や保育者，保護者と過ごした時間を大切にしながら，「片付けようね」「ナイナイしようね」などと言葉をかける。
10:15	○散歩にいく準備 ・保育者の持ち物（着替え，オムツ，救急バッグ，タオル，木の実などを入れるビニール袋） ○裏山へ散歩 ◎事前に散歩コースを確認し，子どもに経験させたいこと，危険な場所などを保育者は把握しておき，保護者にも伝える。	・子どもは帽子を被る。 ・玄関まで移動する。 ・靴を履く。 ・子どもたちは，落ち葉の感触を味わいながら，落ち葉の上を座ったり，歩行やハイハイをしたりする。 ・葉や木の実などを見つけたり，虫の声を聞いたりする。	・保育者は，子どもたちに，「お散歩行こうね」などと活動を伝え，保護者と一緒に行く散歩への楽しい雰囲気をつくる。 ・保育者は，子どもたちに，「たくさん葉っぱがあるね」など，自然に目を向けながら話しかけたりして，実際に手に取り，感触を楽しむ。 ・子どもと保護者が解放感を味わいながら安全に過ごせるように，保育者を配置する。
評価・反省	・子どもは，自分の保護者だけでなく，友達の保護者との関わりにより，友達をみつめる場面が見られたので，友達への関心の広がりへとつなげるよう，安定した関わりの継続に配慮していきたい ・親子で散歩を楽しむ姿と，子どもを通して保護者間でもにこやかに会話する様子も見られ，コミュニケーションを図る機会にもつながり，親子で安心できる環境を構成することができたのではないか		

出所：横山洋子『0歳児の指導計画』ナツメ社，2018年，114-115・188-189頁，冨田久枝『実例でわかる保育参観＆懇談会成功マニュアル』成美堂出版，2018年，24-25頁を基に筆者作成。

第Ⅱ部　保育者の子育て支援の展開

える場を用意することも重要となる。時間が取れない場合も，保護者が感想を書ける用紙を用意し，後日提出できるようにしておく。保護者が保育に参加した感想や意見を聞き取ることで，保護者の気持ちを受け止めることや保育活動の改善などに活かすことができる。

（3）　地域の保護者等に対する子育て支援の計画

　地域の保護者等に対する子育ての支援の実践例としては，園の行事や園庭解放に親子の参加を促すことや，子育て不安等についての相談や助言，子育て情報の提供，子育て講座の実施などが挙げられる。この場合，保育所で行う通常の保育に支障を来さない範囲で支援を行うことが「保育所保育指針」によって規定されている。そのため，計画を立てる際にも園の保育計画を考慮することが重要となる。

　ただし，地域の保護者等に対する子育て支援を計画する場合も，計画の基本となる保育者の姿勢は，保育所を利用している保護者に対する子育て支援と共通する部分が多い。つまり，「保護者の気持ちを受け止める」「保護者の自己決定を尊重する」「保育士の専門性や子どもが常にいる園の環境を活かして，保護者が子育ての喜びを感じられるように努める」などの取り組みは共通している。

　他方で特に重視されることは，地域の実情を把握することや地域の関係機関との連携といった視点である。例えば，子育て情報を提供する場合，地域の実情に応じてどのような情報が必要かを考慮し，わかりやすく，的確に知らせることができるよう計画することが大切である。子育て講座に関しても，子どもの健康，食事，家庭での関わり方などをテーマとする場合，テーマに詳しい地域の人材に講師を依頼する場合もある。このように計画作成の際には，地域の実情を理解し，地域の関係機関や人材と積極的に連携を図ることが求められる。

第6章　子育て支援の計画と環境の構成

―― 演習課題（ワーク）――保育所を利用している保護者に対する子育て支援の計画を立てる

(1)ねらい

　保育所を利用している保護者に対する子育て支援活動として，保護者が園生活に参加する保育参加の計画を立てる。ここでは，2歳児クラスにおいてどのような計画が立てられるか考えてみよう。

(2)ワークの進め方

①　まずグループ（5～6人）になって以下のように進める。

②　保育実習や教材DVDなどで見た2歳児クラスを思い浮かべ，グループで話し合って，ある時期（例えば，10月）の「子どもの姿」をワークシートの「最近の子どもの姿」の欄に書き出す。

③　「最近の子どもの姿」を踏まえ，保育参加で親子が活動できる主活動（約60分間の活動）の「ねらい」および「活動内容」を考える。なお，参加親子の数は約15組とする。

④　活動を行う上での「事前準備」および活動の流れに沿って，「環境構成」や「予想される親子の姿」「指導（援助）活動および留意点」を考える。

⑤　グループでまとめた内容を全体に発表し，各グループの工夫されている点や課題として考えられる点について話し合う。

(3)ワークシート

【活動計画】　活動日　　月　　日　　時　　分から　時　　分　活動場所＿＿＿＿＿＿＿
　　　　　　　参加親子組数　2歳児クラス親子　約15組

最近の 子どもの姿	
ねらい	
活動内容	
事前準備	

第Ⅱ部　保育者の子育て支援の展開

時刻	保育の流れと環境構成	予想される親子の姿	指導（援助）活動および留意点
評価・反省			

出所：筆者作成。

2　子育て支援における「環境」

（1）　子育て支援にとって重要な環境

　保育において「環境」とは，「環境を通して行う」ことが保育の基本である
といわれるほど重視されている。保育における子育て支援においても，保護者
自らが子育てに喜びを見出し，保護者の養育力を向上させるためには，「環境」
が重要なことは言うまでもない。では，保育所・幼稚園・認定こども園などが
実践する子育て支援にとってどのような環境が重要であろうか。ここでは，
「人的環境」「物的環境」「空間的環境」の3つに分けて説明する。

（2）　子育て支援における人的環境

　人的環境とは，保育者（保育士・幼稚園教諭・保育教諭），看護師，栄養士等の
保育施設のスタッフはもちろん，地域の関係機関や地域で生活する人々，さら

には保護者や子どもも人的環境の一部として考えられる。ここではまず，子育て支援を担う保育者等に求められる基本的事項として次の6つの視点を挙げることができる。

1）保護者の気持ちを受け止め信頼関係を形成する

近年の親子を取り巻く状況を考えると，子育てに対する不安や負担感，孤立感を抱く保護者は少なくない。そのため保育者の姿勢としては，まず安心・安全な雰囲気をつくり出して親子を温かく受け入れ，保護者の子どもや子育てに対する思いや願いを丁寧に汲み取り，肯定的に受け止め，信頼関係を形成していくことが重要といえる。

2）保護者の自己決定を尊重する

子育て支援においては，保育者が「教える」「支援する」という固定的な役割を担うのではなく，保護者自身の主体性，自己決定を尊重することが重要とされる。なぜなら，保護者自らが選択，決定していく力を培うことが，子どもの最善の利益や子育てへの自信につながるからである。

3）保育及び子育てに関する専門的な知識や技術を有する

「保育所保育指針解説」では，保育士に求められる保育の主要な知識及び技術として，「発達援助」「生活援助」「環境構成」「遊び」「関係構築」「保護者等への相談，助言」という6つが説明されている（第2章参照）。支援を行うに当たっては，子どもの最善の利益を念頭に置きながら，こうした知識や技術を状況に応じて適切かつ柔軟に用いられることが求められる。知識や技術は一朝一夕に身に付くものではないため，常に日々の保育の省察や同僚との学び合いによって専門性の向上に努めることが求められる。

4）子どもの日々の様子や保育の意図の説明などを通して保護者と相互理解を図る

相互理解を図るためには，まず保護者の置かれている状況の把握，親子関係や家庭と地域との関係といった関係性の把握をし，保護者の状況に応じた説明を行うことが重要となる。その上で保育者には，保護者の疑問や要望には誠実に対応すること，情報の交換を細やかに行うこと，子どもへの愛情や成長を喜ぶ気持ちをもって接することが大切となる。

第Ⅱ部　保育者の子育て支援の展開

5）保護者の状況に配慮し市町村や関係機関と連携を図る

　障害や発達上の課題のある子どもや要保護児童への対応，外国籍家庭，ひとり親家庭，貧困家庭など，保育や保護者を取巻く問題は複雑化，多様化している。特別な配慮を必要とする家庭や親子への対応では，保育者が関係機関の役割や機能をよく理解し連携や協働を行う中で，子どもや家庭にとって最も効果的な援助を行っていくことが求められる。

6）保護者や子どものプライバシーを保護し知り得た事柄の秘密を保持する

　保護者や子どものプライバシーの保護や知り得た事柄の秘密保持は，必ず遵守しなければならない事柄である。このような守秘義務を守ることが保護者との信頼関係の前提ともなる。ただし，子どもが虐待を受けている状況など，秘密保持が子どもの福祉を侵害するような場合は，通告の義務があって守秘義務違反には当たらない。

　他方，保護者もより良い子育てを実現する人的環境の一部と考えた場合，保護者が受け身の存在になってはいけない。より良い子育てを実現するためには保護者も次の事柄を考える必要がある。

① 保育者とともに子どもに応じた関わり方を考える。
② 家庭におけるより良い養育環境をつくる（例えば，親子で遊びや会話を楽しむ，子どもの興味・関心に合った遊具や絵本などを用意する）。
③ 園の参観日や行事に積極的に参加する。
④ 園の保育をボランティア（保育アシスタント）として手伝う。
⑤ 園の保育をより良くするために保育方針や内容に関する意見を言う。

　保育者が教える，保護者がそれに頼るといった対等ではない関係では，保護者の積極的な保育への参加も図れない。日本ではまだまだ保護者の園への参加，意見表明が少なく，相互理解が進んでいるとはいえない。お互いが協力し合い，それぞれの強みが最大限に発揮される真の連携こそが，子どもたちの育ちを支えるために必要不可欠と考えられる。

第6章　子育て支援の計画と環境の構成

（3）　子育て支援における物的環境

ここでは，遊具や用具・素材・絵本等，さまざまな子育て支援に求められる物的環境を見ていく。

1）遊具・素材・絵本

園には子どもの興味，関心や発達過程に応じた遊具や素材が用意されている。保護者が送迎時や保育体験等の機会にこれらの環境を見ること，触れることで養育力の向上につながると考えられる。例えば，園で乳児の口に入れても安全で衛生的な遊具や手作りの遊具，季節や自然を感じられる素材等に触れることで，子どもの成長や発達に応じた遊具や素材を用意することの大切さを知ることができる。また，園では絵本などの貸出を行っている場合も多い。子どもが興味をもっている絵本を保護者に勧めることで，家庭でのやりとりを促すきっかけにもなる。

2）掲示物・展示物

園では，掲示物として子育ての情報を掲示している場合が多い。内容としては，行政の健診や予防接種などの情報，地域の相談機関，子育て講座等の情報である。普段これらの情報になかなか触れられない保護者もいるため，わかりやすく，状況に応じて知らせることが重要である。例えば，インフルエンザ等の感染症が流行している場合は，予防や対応の情報を素早く発信していくことが求められる。また，保護者が掲示されている子どもの作品を見る場合もある。子どもの作品は，上手にできたものや描けたものといった活動の成果を示すだけでなく，子どもがどのように活動し何を学んだか，そのプロセスがわかるように掲示することも大切である。

また展示としては，園の昼食やおやつのサンプルが展示されている場合も多い。これらの展示によって保護者が食事のメニューや栄養素，調理方法等を知ることは，子どもの食に対する保護者の意識を高めることにつながる。

3）連絡帳・お便り・保育記録など

保育者と保護者とのやりとりは，連絡帳やお便りによって行われることが多い。これらの手段を通して，保育者と保護者との間で子どもの育ちや学びに関

87

第Ⅱ部　保育者の子育て支援の展開

する情報の交換を細やかに行うことが，お互いを理解し合い関係を深めることにつながっていく。他方，保護者に伝えられる内容に関しては，生活や遊びの中で子どもが何をしたか，何をつくったかをいった結果のみでなく，写真や図等を使って一人ひとりの子ども，あるいは集団の活動がどのように行われたか伝える取り組みがなされ始めている。いわゆる保護者に活動のプロセスを「見える化」して伝える取り組みである。保護者にとっては，子どもの育ちをより丁寧に理解することができ，子どもとの関わりを広げるきっかけにもなると考えられる。近年，これらの考え方は，ドキュメンテーションやポートフォリオといった学びのプロセスを可視化する取り組みとして紹介され始めている。[2]

（4）　子育て支援における空間的環境

　ここでいう空間的環境とは，物や人それぞれを個別に捉えるのはなく，コーナーや保育室全体といった場を一つのまとまりとして捉えた環境のことである。保育者は，空間という意識を持つことで，活動に参加する人や「もの」との相互の関係性に目を向けるこができる。ここでは，次の3つの視点から子育て支援に求められる空間の考え方を示していく。

1）安心と親しみがもてる空間

　例えば，保護者が最初に入る場所は「入口」であり，親しみがもてる雰囲気の中で保護者と保育者が円滑にやりとりできるよう配慮することが求められる。また，保育参観や育児講座などで園を訪れた際，日頃の活動の様子や保育の考え方が分かるように物の配置や掲示がなされていると保護者の安心につながる。

2）親同士の関係が生まれる空間

　例えば，園の入口付近や保育室の周辺に空間的なゆとりがあると，自然と親同士のあいさつや会話が生まれることがある。また，園の行事や日頃の保育の記録などを掲示や展示したスペースがあると，保育の内容や子どもの様子を介した親同士のやりとりが生まれるきっかけになると考えられる。

3）相談等が行える空間

　近年，子どもや子育てについての知識が乏しく，関わり方や育て方がわから

ないといった保護者が増えている。そのため子どもや子育てに関する相談の
ニーズも増大しており，登降園時に気軽に相談ができるような場所を確保する
ことやプライバシーに配慮して相談が行えるような空間を確保することが重要
となっている。

演習課題（ワーク）──実習先を振り返り子育て支援の環境を考える

(1)ね ら い

　自分が実習した園がどのような子育て支援の環境であったかを振り返
り，自らの体験から学びを深める。特に子育て支援における物的環境や
空間的環境に焦点をあて，園がどのような意図で配慮や工夫を行ってい
るかを学ぶことをねらいとする。

(2)ワークの進め方

①　自分が実習した園の子育て支援のために配慮や工夫されていた物的
　　環境や空間的環境について書き出す。

②　4〜5名のグループになり，①で書き出した物的環境や空間的環境
　　の内容について話し合う。

③　テーマを設けて（例えば，「家庭で保護者と子どものやりとりを促
　　す絵本とは」「子どもの成長のプロセスが分かるお便りとは」「安心や
　　親しみがもてる園の空間とは」等），グループ内でディスカッション
　　を行い，各自の意見をまとめて発表する。

3　本章のまとめ

　本章においては，子育て支援における「計画」と「環境」について学んだ。
「計画」については，子育て支援の計画の位置づけや実際の計画作成の方法や
内容について学んだ。基本的な手順に沿った計画の作成の理解を深めるために
も，さまざまな時期や活動内容等を想定して計画を立案してほしい。

第Ⅱ部　保育者の子育て支援の展開

「環境」については，子育て支援を支える環境を3つに分けて説明し，それぞれの環境が子育て支援を行うに当たってどのような役割を担っているかを学んだ。さらに，実習の経験を振り返るワークの学びから，子育て支援の環境の理解を深め，柔軟に環境を構成する力を養ってほしい。

注

(1)　小笠原圭・卜田真一郎編著『保育の計画と方法』同文書院，2018年，46頁。

(2)　請川滋大・高橋健介・相馬靖明編著『保育におけるドキュメンテーションの活用』ななみ書房，2016年。

参考文献

入江礼子・小原敏郎・白川佳子編著『子ども・保護者・学生が共に育つ——保育・子育て支援演習』萌文書林，2017年。

入江礼子・小原敏郎編著『子ども理解の理論及び方法——ドキュメンテーション（記録）を活用した保育』萌文書林，2019年。

厚生労働省編『保育所保育指針解説』フレーベル館，2018年。

第7章	支援の実践・記録・評価

―― 学びのポイント ――

　子育て支援は，保育者の専門的知識と専門的技術に基づいて行われる支援であり，主に保護者との連携・協力により実施される。そこでは実践，記録，評価という一連のプロセスが重要である。支援を実践するためには，支援の目標と，具体的な働きかけや行動を定めた計画が必要であり，問題解決の指針となる。そのため，計画に基づき連携を図りながら「実践」を行うことで効果が期待される。そしてさらに，保育者が，実践の過程や成果を保存する「記録」に基づき，実践の成果や過程に対する「評価」を行うことで，子育て支援の構造はより深く分析され，課題が明確になり，改善に向けた新たな支援の実践が再構築され，実践の質は高められることとなる。

① 質の高い子育て支援を展開する上で，計画から実施（実践），評価，改善への一連の流れ（PDCA サイクル）を理解する。

② 保護者を子どもの発達を共に喜び合う仲間として，情報を共有し，連携・協力する意識を念頭に置く重要性を理解する。

③ 記録等に基づき，支援を振り返り評価することで，質を高めるとともに，情報の共有を図る方法を学ぶ。

1 子育て支援の展開

（1） 保護者との連携に基づく子育て支援の展開過程

　子育て支援は，「保育所保育指針解説」第4章でも述べているように，保育者が有する専門性に加え，ソーシャルワークの基本的な知識・技術等も理解・援用した上で展開した方がより効果的になる場合もある。ソーシャルワークの展開過程を踏まえると，子育て支援は，「①問題把握（ケースの発見）⇒②インテーク（受理面接）⇒③アセスメント（事前評価）⇒④プランニング（支援計画作

第Ⅱ部　保育者の子育て支援の展開

成）⇒⑤インターベンション（支援の実施）⇒⑥モニタリング（中間評価）⇒⑦
エバリュエーション（事後評価）⇒⑧クロージング（終結）」といった形で進め
られることとなる。[1]

　この展開過程を基にすると，子育て支援は，まず子育てを必要とする家庭の
①問題把握（ケースの発見）から始まる。第3章において，すでに詳細な記載
がなされているが，子育て支援における問題把握（ケースの発見）は，保護者
等からの相談の申し出によってのみならず，子どもや保護者の様子の変化，子
どもと保護者の関係性の変化といった，普段との些細な違いから保育者が気づ
き，子育て支援へとつながることも保育実践では多く見られる。

　そのため，保育者は，子どもや保護者の日常の変化や違和感に気付き，自ら
声をかける等といった支援も必要となる。こうした①問題把握（ケースの発見）
の後，②インテーク（受理面接）の機会を設け，なるべく広範かつ詳細な情報
収集を行うことで，家庭の抱える問題について，理解していくこととなる。こ
のようにして得られた情報に基づき，③アセスメント（事前評価）が行われ，
④プランニング（支援計画作成）へと至る。

　③アセスメント（事前評価）は，②インテーク（受理面接）の段階で収集した
情報に加えて，家庭に関する情報収集（保護者や子どもの生活状況・環境等につい
て）を継続して行う段階である。この段階では，当該ケースの全体像を明らか
にした上で，家庭が抱える問題・ニーズについて整理し，明確化していく（真
のニーズを明らかにしていく）ことになる。保育者が支援計画を作成・実施する
上で，より保護者の現実的（日常的）な姿に即した支援を可能にするため，家
庭の状況把握のみならず，より広範かつ詳細に当該家庭がある地域社会全体の
ことも把握する等，保育者には多面的・多角的な視点が求められる。

　ただし，その一方で，保護者の負担となるような必要以上の情報収集は行わ
ないよう，注意も必要である。支援の本来的意義を忘れず，保護者の人権に配
慮したり，気持ちを考えて話をしたりする等，専門職としての倫理的配慮は最
大限行うことが求められる。

　④プランニング（支援計画作成）は，③アセスメント（事前評価）によって明

確になった保護者が抱える問題・ニーズに沿って目標を設定し，具体的な支援の内容・方法を決めていく段階である。ここでは，当事者である保護者の真のニーズを読み取り，十分に反映した計画が立案されることが望ましい。そして，保護者との合意に基づいた上で，緊急性の高さ等から優先順位をつけて目標（⑧クロージング〔終結〕時の状態を想定し，見通しを立てる長期目標や当面の取り組むべきことを具体的に決定する短期目標）や支援方針，支援内容等が設定・決定される必要がある。

その後，実際に具体的な支援が展開していく⑤インターベンション（支援の実施）へと至る。支援を進める上では，問題解決・緩和がスムーズに進むように，保護者を取り巻く環境も踏まえ，保護者や他専門職，社会資源との連携を図りながら進めることが必要である。具体的には，保護者との連携，保育者間での連携，他職種間での連携，地域社会との連携，社会資源との連携等，さまざまな形での連携が求められる。保護者やその家族も巻き込みながら，必要に応じてさまざまな関係機関を紹介する等，全員が同じ方向性でチームとしての意識を持ち，問題解決に向かうことが必要となる。

支援の実施後，どのように支援が行われたか，また，保護者の変化やそれを取り巻く生活環境の変化等について情報収集・分析を行う経過観察の段階，すなわち⑥モニタリング（中間評価）となる。ここでは必要に応じて，計画の修正，再アセスメント等を行う。そして，計画に沿って支援を実施し，その状況や妥当性・効果等を総合的に振り返り，検討が行われる段階が⑦エバリュエーション（事後評価）である。この段階でも，施設長（所長）や先輩職員，あるいは関係機関の専門職等から、助言等を受けることもある。

そして，実際に支援が展開された結果，問題解決が図られた，あるいは完全に解決はしていないものの，保護者自身の力で対応していけること等が保育者との間で確認された際に至る段階が⑧クロージング（終結）である。保護者の転居，保護者からの申し出，あるいは他の専門機関への送致等によって，支援が中断・終結となる場合もある。

なお，継続的かつ持続的に質の高い子育て支援を展開しようとする場合，一

第Ⅱ部　保育者の子育て支援の展開

人の保育者（専門職）だけで抱え込むことは避け，複数の視点から検討することが求められる。保育者がシフト制で勤務する実情等から考えても，専門職間で情報の共有を行いながら（連携を図りながら）支援を進めていくことは重要である。このような観点から，子育て支援に携わる専門職は，定期的もしくは必要に応じてケースカンファレンスを行う等，常に情報共有を図りつつ，支援実践を振り返り，問題解決に向けた改善策を検討し，支援を進めていく必要がある。

　保育者はこうした一連の子育て支援の展開において，ソーシャルワークを援用しながら，保育の専門職として自らの専門性を十分に発揮して業務に関わることが求められる。

（2）　PDCA サイクルの活用

　前述した一連の子育て支援の展開過程では，PDCA サイクルが意識されている。この手法は，子育て支援のみならず，保育のさまざまな業務において必要性が示され，実践においても支援の望ましいあり方をつくるものとして用いられている。

　PDCA サイクルモデルとは，JQA（日本品質保証機構）によると ISO（国際標準化機関）により，組織の品質活動や環境活動を管理するための仕組み，つまりマネジメントシステムを構築するために示されたものである。

　マネジメントシステムとは，目標を達成するために組織を適切に指揮・管理する仕組みであり，規定や手順，実際の運用のための責任や権限の体系である。その方法は，組織内における問題点を列挙し，課題を設定することを始めとして，「計画・方策（Plan）」を立て，「実施（Do）」する。さらに実施した結果が課題の解決へとつながったかを検証し，「見直し・評価・分析（Check）」を行い，実施方法を変更するための「改善（Action）」を行い，次の活動へとつなげていくことを目指すものである。

　このように「計画・方策（Plan）→ 実施（Do）→ 見直し・評価・分析（Check）→改善（Action）」という組織活動の繰り返しを「PDCA サイクル」

と呼び，これを継続的に回し続け，改善を図っていくことが重要とされる。現在の保育現場では，このような「PDCA サイクル」を取り入れ，問題解決に向けた継続的な支援に取り組むことが重要視されており，子育て支援においても同様と言える。

　前述の通り，子育て支援は保育者が保護者の真のニーズを把握し，子どもの発達を支えながら，チームとして協力，協働して進めていく必要がある。問題解決に向けて，保育者の専門性を基盤とした支援のみならず，保護者自身の力も最大限発揮できるよう，さまざまな社会資源を活用していくことで成立する。そのため，プランニング（支援計画作成）においては，保育者からの視点だけではなく，保護者とともに目標設定とクロージング（終結）までの支援展開と方法に関する計画を検討し，保護者も十分納得・理解した上で，具体的かつ効果的に行われるよう留意しなければならない。その上で，保護者自らが問題解決のために行動できるよう，働きかけることが必要不可欠である。

　つまり，支援計画は，保護者との合意に基づき，長期，中期，短期といった支援目標の優先順位についても考慮したうえで立案される必要があり，なおかつ支援が行われる際も具体的な支援方法や支援展開等が明確で，保護者自身も現在の状況が十分に把握できていること，子どもの育ちを互いに協力して支援するための協働的な関係性を築くことなどを目指して行われる必要がある。

　また，保護者自身が主たる解決者として，自らの問題解決のために，自発的に取り組むことができるよう，環境づくりも必要不可欠である。そして，支援が始まり進められていった際に，その支援内容や効果，成果を振り返り，見直し，評価，分析することで，子育て支援が問題解決に向けて，より適切かつ適正に行われるよう，常に改善に向けて保育者が働きかけていることが重要である。

第Ⅱ部　保育者の子育て支援の展開

─── **演習課題（ワーク）──保護者との協働的な支援の構築** ───

(1)ね ら い

　子育て支援を展開する際，保育者は一方的に保護者を支援するわけではない。共に子どもの育ちを支え，その発達のため協力し，協働的に取り組む「同じチームの一員」という意識をもつことが求められる。問題解決に向けて支援実践を常に検討し，向上を図ることが必要である点を保護者に丁寧に伝え，子育てへの意欲をさらに高めることが大切であると言える。

　次の事例を通して，特に「保育者と保護者の協働的な関係性の構築」「PDCA の視点を取り入れた支援」といった点に考慮し，対応を検討してもらいたい。

事例「"はし"への移行における家庭での関わり」

　A保育所の3歳児クラスの隆裕くん（4歳0ヶ月）の母親から，家庭での食事の様子について，「最近，はしを使って食べるというのですが，いざ，食べだそうとすると，使うことがうまくできないから食べるのをやめてしまって……。全然食べずに『お腹いっぱい，ごちそうさま』と言うんです。『食べようね。スプーンとフォークにしようか？』と声をかけてもダメで，仕方がないと思って，私のほうがはしを持って『こうやって，掴んでごらん，こうやって食べるんだよ』と口に運んで食べさせることが続いていたのですが，今では，完全に食べさせてもらうことになってしまっていて，園での様子はどうでしょう？」と担当保育士に質問・相談があった。給食の際の隆裕くんの様子は，はしを最初に持ってみるが，食べることができなくて，スプーンやフォークを使うことが多く，それでも周りの子どもの様子を見て，また，持とうとはしているが，やはり扱うことが上手ではないといった状況であった。母親としては，本人のやる気は尊重したいが，食事が嫌で食べないということに繋がるのではないかという心配がある。同時に，年齢が大きくなると徐々に出来ていくであろうとは思っているが，現在の関わり方で良いのか悩んでいる様子であった。

---

(2)ワークの進め方

①　上記の事例を読み，担当保育士ならどのように隆裕くんの母親に応

96

答するか，そのように考えた理由も記入する。

② 4人または5人1組のグループとなり，グループ内で，自分の考え
記入した内容について，なぜそのように考えたのかを発表する。

③ グループの中で，それぞれの発表をもとにディスカッションを行い，
グループとしての応答の方法を考え，まとめる。

④ クラス全体にグループで考えた応答の方法と，そのように考えまと
めた理由について発表する。

2 記録の必要性と方法

（1） 記録の目的・意義

　保育者が子育て支援を展開する上で，保護者に対して効果的な支援を行うことが求められる。経験や勘だけに頼るのではなく，どのような意図を持って支援を行い，効果が得られたのか，課題は何かといった保育者の考えや活動内容，保護者の置かれた状況等を適切に把握しておくことが必要である。支援計画の作成・実施，評価をはじめ，子育て支援の展開過程において記録は不可欠であり，重要な要素といえる。

　記録は，支援内容の証拠となるだけでなく，保育者自身が自らの実践を振り返る材料となり，自身の価値観や観察力の確認につなげることができる。また，同じ職場内の職員間や外部の関係機関・専門職との情報共有，支援を展開していく上でのデータ蓄積等において重要なものとなる。それらがスーパービジョン，ケースカンファレンス等の資料にも活用され，保護者への適切な支援，さらには支援の質の向上等へとつながる（表7-1）。

（2） 記録の方法・留意点等

　子育て支援にかかわる記録の方法について，「保育者が作成（記述）した文書」や「保護者が作成（記述）した文書」等が挙げられる。その手段として，

第Ⅱ部　保育者の子育て支援の展開

表7-1　子育て支援における記録の目的・意義

目　　的	内　　容
①証　　拠	記録を行うことで，子育て支援の内容について，どのような考え・理由で，どのような支援が行われ（いつ，どこで，どの程度等），どのような効果があったか等という点を証拠として残すことができる。このように媒体に残すことで，保育者の業務内容を確認することができると同時に，トラブルが発生した際にも問題解決の手段として用いることが可能となる。
②共　　有	子育て支援を行う際，多くの場面では一人の保育者により行われており，支援内容や情報収集に関わるやり取りに関しても，「担当の保育者だけがわかっている」ということが起こりやすい。しかし，通常の保育業務は，チームアプローチによる支援を前提としているため，支援に関わる専門職者全員で共有する必要がある。このような場合，記録があることで，専門職者間における情報共有が丁寧かつ正確に行われやすく，現状の把握や実態の理解に差異なく取り組むことが可能となる。
③自己評価（振り返り）	記録をとることにより，常態的に日々の保育者自身の支援について振り返りを行うことが可能となる。支援内容を思い出し，振り返るという作業により，支援の内容を客観的に確認することができる。また，保育者自身のこれまでの支援内容が，保護者にとって最適であったか，別の方法で支援を行うことが可能であったか等について評価し，検証を図ることができる。
④他者による評価	他者から支援内容に関わる評価を受けることにより，支援の質的向上を図ることが可能となる。上述の証拠・共有・自己評価と同様であるが，記録があることにより，部分的にしか確認できない内容についても包括的に知ることが可能となるだけでなく，支援内容の必要性やその連続性等についても理解しやすくなる。評価されることは，保育者自身が気づかなかった点やできていなかった（不足している）点などを知ることができる。また，保護者への支援の質が現在よりも向上する可能性があり，保育者自身も学びによる成長の可能性がある等，そのメリットは大きい。
⑤調査・研究	記録を先行事例として用いることにより，保育者が現実に起こった保護者や子どもの問題等について学べること，事例検討により支援内容の改善や問題点の把握を図ること等が可能となる。その他，近似事例として，支援を整理し検証を行いながらまとめていくことにより，減少・増加といった件数の変動や事例区分ごとの傾向や偏り等がわかり，過去に遡って根拠をもった資料としての利用が可能となる。これらは，今後起こりうる問題等に対する予防策を検討する際に活用でき，支援内容のモデルケース作成，より保護者に寄り添った支援の検討へと繋がる等，多くのメリットがある。

出所：小原敏郎ら編著『演習・保育と保護者への支援——保育相談支援』みらい，2016年，第8章を基に筆者作成。

近年では手書きのみならず，パソコン（ワード・エクセル等）を用いて作成する場合もある。さらには，「画像（DVD レコーダー・カメラ）」や「音声（ボイスレコーダー）」等といった方法も必要に応じて活用される。

　記録を作成（記述）する上での留意点の一つとして，手書き，パソコン等による作成を問わず，原則として書き言葉を用いることが挙げられる。この点は非常に重要であり，「なので」「やっぱり」等の話し言葉や「めっちゃ」「（Hくんはかっこよくて）やばい」等の若者言葉（学生等が日常会話で用いる傾向にある言葉）は，文章中には用いないよう注意しなければならない。保護者が発言した内容を示す場合は，「」（かぎ括弧）をつけて記述することが必要である。

　また，「いつ（When）」「どこで（Where）」「誰が（Who）」「何を（What）」「なぜ（Why）」「どのように（How）」という「5W1H」，場合によっては，これに「誰に（Whom）」「期間（How long）」「量（How much）」を加えた「6W3H」を取り入れて，記述内容が読み手に正確に伝わることを意識しなければならない。

　さらに，記録に用いる用語・表現等については，保護者の人権への配慮が求められる。保育者一人ひとりが，人権侵害となるものを使用しないよう注意が必要である。記録の使用目的によっては，保護者の名前を仮名やイニシャルを用いて記述する，画像による記録（ビデオ撮影・公開等）の際には保護者の了解を得る等といったプライバシーに関する配慮も重要となる。その他，職場内で施錠してファイルを保管する，パソコンでの作成の場合はパスワードを用いてファイルを保護する等，記録の管理についても細心の注意を払う必要がある。

　なお，記録を作成（記述）する上では，支援の展開時期（初期・中期・終期）によって，主にどこに焦点を置くかも念頭に置く必要がある。この点から考えると，子育て相談をはじめ，子育て支援に関わる記録においては，「サービス中心アプローチ（service-centered approach）」[3]の活用が有効な方法の一つと考えられる。これは，記録の焦点をサービスの目的，過程，保護者等の影響に当て，サービス（支援）提供の局面が変わるとともに焦点も推移するという特徴をもっている。それぞれの時期の具体的な焦点については，表7-2の通りで

第Ⅱ部　保育者の子育て支援の展開

表 7-2　サービス中心アプローチにおける記録の焦点

1．サービス提供の初期
①　サービス提供を望む理由や照会，申請の理由
②　利用者とその状況についての描写やアセスメント
③　利用できる資源やサービス，あるいはそれにあたっての課題
2．契約成立後
＊記録の焦点は履行状況に置かれる。
①サービスに関する支援者と保護者等の決定事項
②サービスの目的と目標
③計　　画
④サービスの実行状況
⑤進捗状況
⑥変化と効果に関するアセスメント（＊証拠づける内容も必要）
3．支援の終結またはサービス終了決定時の記録の焦点
①　終結あるいは変更の理由
②　サービス提供過程における保護者と状況についての振り返り
③　サービス提供内容の振り返り
④　サービス内容と保護者に与えた影響についての評価
⑤　今後のサービス計画
⑥　フォローアップ

出所：表 7-1 と同じ。

ある。

（3）　記録のスタイル

　保育所等で用いる記録のスタイルとして，例えば，叙述体，説明体，要約体，マッピング技法等が挙げられる。以下に示すそれぞれの特徴を踏まえ，子育て支援においても，その目的・内容等に応じて適切に用いることが必要である。

1）叙 述 体

　記録者の解釈や説明を加えずに，事実（実際にあったこと）のみを記述する方法を指す。日誌のような形で日付順に記録する場合や項目を立てて変化を追って記述する場合もある。「逐語記録」（面接場面等での会話を記述したもの）も含まれる。

2）説 明 体

　事実（実際にあったこと）とそれに対する記録者の解釈・説明を加えて記述す

第7章　支援の実践・記録・評価

る方法をを指す。事実と記録者の考え（分析）は分けて記述すること，読み手に先入観や間違えた見方を与えないこと等を注意する必要がある。

3）要 約 体

事実（実際にあったこと）の中から重要な点を抜書きし，まとめて簡潔に整理する方法を指す。長期にわたる取り組みの流れを記述し，大まかにまとめて残す方法もある。ポイントをまとめて記述するため，読みやすさ・書きやすさという点から，専門職間等における情報共有等に適している。

4）マッピング技法（図表を用いた記録）

マッピング技法とは，エコロジカルアプローチ[4]等における有効な実践手法として，複雑な関係性を作図によって単純化し，より理解を深めようとするものである。代表的なものとして，現場での事例検討の際等に活用されるジェノグラム，エコマップが挙げられる。

保育所等での子育て支援においても，特に複雑な要素が含まれている家庭のケースでは，より一層正確に，視覚的にわかりやすく当該家庭の情報を整理・記録することが求められる。そのような意味でも，子育て支援におけるジェノグラム，エコマップの活用が重要になってくる。これらを用いることで，支援を要する保護者の現状理解，社会資源の探索，支援方針の検討等に有効となる。

① ジェノグラム

ジェノグラムは，最低三世代以上の家族メンバーとその人間関係を記載した家系図作製法で，「家族関係図」「世代関係図」等といわれる。当該家庭の人間関係を図式化することで，家族構成の歴史（誕生・結婚・離婚・死亡等），家族構成の現状（年齢・性別・同居等）等を視覚的に確認しやすくなる，情報の共有化が図りやすくなる等の利点がある。この技法の活用により，子育て支援においても，保護者（当事者）の問題や症状が家族との関連においてどのように形成されてきたのか，また，現在どのように，家族という関係性の中で位置づけられているか等が理解しやすくなる。さらには，ここで示された情報から，解決すべき問題や症状が，過去，現在，未来へと，どのように繋がっているのかをさまざまな面からアセスメント（事前評価）することが可能となる。

第Ⅱ部　保育者の子育て支援の展開

図7-1　ジェノグラム・エコマップの表記・記入方法

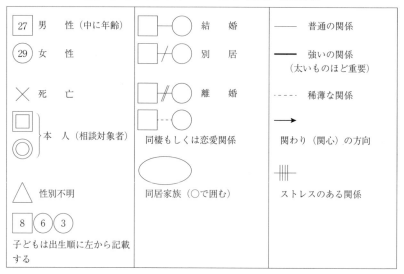

●ジェノグラムの記入例

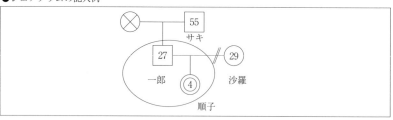

●エコマップの記入例

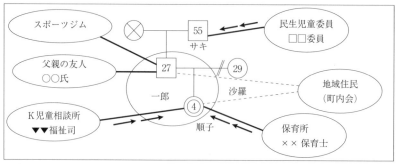

出所：橋本好市・直島正樹編著『保育実践に求められるソーシャルワーク──子どもと保護者のための相談援助・保育相談支援』ミネルヴァ書房，2012年，156-157頁を基に筆者作成。

第7章　支援の実践・記録・評価

　現在の保育所等に通う家庭の状況はさまざまで，特別な支援を要するケースも多い。例えば，ひとり親家庭，障害のある子どもがいる家庭，保護者が精神疾患等を抱えている家庭，外国籍の家庭等がある。保育者はそのような状況も踏まえ，支援を要する保護者等の家族関係を把握・理解した上で子育て支援に携わることが必要である。

　②　エコマップ

　エコマップは，先のジェノグラムと同様に，地図として図化するマッピング技法の一つである。社会資源と本人（保護者等）の関係を図で表したもので，「生態地図」「社会関係地図」「支援形成図」等といわれる。当該家庭を取り巻く環境や状況，関係性等について，全体像を確認することができる。これにより，保護者をはじめとした家庭への支援を進める上でのアセスメント（事前評価），プランニング（支援計画作成）等に活用できる等の利点がある。また，保護者等からの相談の際，共に作成することで，自身が置かれている状況を客観的に認識してもらうことも可能となる。

　エコマップの記載における空間的配置の原則としては，中心に支援対象者[5]（子ども・保護者等）とその家族のジェノグラムが記載されることが必要となる。そして，ジェノグラムの周囲に他の関係者や関係資源である社会資源が記される。それらは，関係性の強さや関わりの深さ等により，空間的位置の配置が変化することとなる。配置される社会資源は，具体的人物や機関，施設，職名，グループ名称等により表示される。なお，ジェノグラムおよびエコマップの表記・記入方法についてはさまざまであるが，図7－1はその一例である。

103

第Ⅱ部　保育者の子育て支援の展開

―――― **演習課題（ワーク）――エコマップの作成** ――――

(1)ね ら い

　保護者等への支援を中心とした子育て支援は，保護者とその家族や，周囲の環境に関する情報収集が非常に重要であり，その整理はさらに重大な役割を担うため，マッピング技法は有効といえる。実際にジェノグラムやエコマップ等のマッピング技法について学習することにより，情報の視覚化とその理解について体感的に学ぶことができる。また，（本演習で）作成したエコマップについてメンバー間で比較し，他の支援者の視点やアプローチの違いについて理解してもらいたい。

事　例

　A保育所に通う一樹ちゃん（4歳・男・保育所年中組）は，友達と一緒に外遊びをすることが大好きで活動的な子どもである。しかし，落ち着いて座ることや本を読んだり，話を聞いたりすることがあまり得意ではない。自分の考えや感情を言葉で伝えることも上手ではないため，大きな声を出したり，友達に手を出したりする等，保育所の中で度々トラブルになることも多い。他の園児の保護者から保育所に対して，一樹ちゃんに関する苦情も入っている。

　そのため，母親（一恵さん・30歳・パートタイム勤務）は，謝らなくてはならないことも多く，息子の様子（発達の遅れの有無や言葉の獲得状態等）を非常に心配している。このような状況から，母親は担当保育者に相談をした。その話し合いの中でわかったのは，父親（良樹さん・33歳・会社員）は，一樹ちゃんの現在の状況について全く心配していないこと，発達が遅れている可能性があるという内容の話をとても嫌がること，「一樹ちゃんの弟の良二ちゃん（8ヶ月・男・認可外保育施設）が元気に産まれているから何も心配するな」と言っていること等であった。ちなみに，父親と母親は，最近は些細なことでもけんかをくり返し，夫婦仲があまりよくないとのことである。

　なお，この家族は，昨年別の地域から引っ越してきたばかりで，相談に乗ってくれる友人等は近くにいない。困った母親は，自分の両親（祖父・栄一さん・64歳，祖母・恵さん・60歳）にも不安を打ち明け相談したところ，父親には内緒で保育所に相談し，良い解決策を探してみた方が良いとの結論になり，今回の相談に至ったとのことである。父親側の両親（一樹ちゃんの祖父母）は，すでに他界している。

104

第7章　支援の実践・記録・評価

(2)ワークの進め方

①　2人1組のグループをつくる。

②　上記課題を読み，家族の情報に基づき，ジェノグラムを作成する。

③　ジェノグラムをもとにエコマップを作成する。記載する社会資源は，
　　情報が不足している点や支援者の視点から推測できる資源に関して，
　　互いに相談をしあい，記載する。

　　＊②③はいずれも，本文中のジェノグラム・エコマップの書き方を参
　　　照すること。

④　2グループが集まって4人1組のグループを作る。グループメン
　　バーと作成したジェノグラムやエコマップの違いを確認する。

3　評価の必要性と方法

（1）　評価の目的

　「評価」は，立てられた計画に基づき実践された支援の経過や成果，効果に
ついて検証するものである。これにより，支援内容の質的向上が図られるとと
もに，保育者自身の省察を促すことにもなり，スキルアップへとつがることと
なる。そのため，さまざまな視点から多角的かつ多様な方法での「評価」は，
必ず実施しなければならない。また，「評価」は，単に「行った」だけでよい
というわけではなく，その評価により得られたことに関して，次の支援に反映
させる必要がある。評価結果を真摯に受け止め，その意味について読み取り，
改善に向けた具体的な取り組みを行うことが，本来的な評価の意義であるとい
える。子育て支援においても同様のことがいえ，その役割は大きい。

　前述の通り，計画・記録・評価の三者の関係性は，非常に緊密な関係にあり，
どれか一つでも欠けてしまうと十分その機能を果たすことができない，往還性
に富んだものであるということができる。

　従来，計画・記録・評価は，それぞれを単一のものとして理解され，内容が

105

第Ⅱ部　保育者の子育て支援の展開

説明されてきた傾向が強い。個別的に捉え，内容を理解し，役割や意義，方法について十分理解をすることは必要不可欠なことであるが，実践の場面において独立的に用いることは，効果的であるとは言い難い。支援は適切に記載された記録を根拠としながら，計画に基づき展開される支援に対して，問題解決を目指した厳しい評価を行い，そこで得られた評価をさらに記録し検証することで，次の計画に対して練磨や改善を行い，改善された計画に基づきさらなる支援を展開することが求められる。これは，現在さまざまな場においてその必要性がいわれている PDCA サイクル（Plan→Do→Check→Action）と同義であり，子育て支援においても望ましいあり方といえる。

（2）　評価の方法

　子育て支援が，明確な目的と意図をもって専門職により行われる専門的行為である以上，成果として支援を通して最終的に得られた効果に対する評価（アウトカム評価）と，成果に至るまでの各展開過程についての価値に対する評価（プロセス評価）を行う必要がある。そして，より公平性をもって，精度を高める意味から，可能な範囲で多角的な複数の視点（自己評価，組織内部やチーム内部の者による内部評価，外部の関係機関による外部評価，支援を受けた利用者により行われる当事者評価など）から評価が行われることが望ましい。

　評価は正しく記された記録を根拠として，適正に行われることが望ましく，内容の精査や改善，質的向上，新たな社会資源の開発などが進められる。

　アウトカム評価とは，最終的な成果に関する評価であり，子育て支援での支援実践の終了後に，支援を通して最終的に保護者等の利用者が得られた成果について，評価するものである。例えば，保護者が保育者に相談を行い，問題解決が図られたというその効果や，保護者が支援を受けたことによって有益であったか等，これらの最終的な目標に関して達成できたかを判断する評価方法である。

　プロセス評価とは，子育て支援の過程についての評価である。子育て支援の支援計画や実際の支援が，設定された目標を達成できているか確認するために

行われる評価方法である。先の支援計画において作成された目標が達成できたかどうかを確認し，目標達成が難しい場合には，目標をどのように変更することが適切か，また達成できない要因は何かなどを探ることが必要となる。

演習課題（ワーク）──評価の過程の理解

(1)ねらい

　評価は，常に実践の内容を的確に振り返ることで可能となる。曖昧な振り返りでは，その評価も漠然としたものとなる。計画・記録・評価における往還的な関係性について理解を深めるとともに，評価の手法の選択と過程を重視することが何よりも重要である点を認識してほしい。また，実際に自己評価を体験することで，評価のあり方やその意義に触れ，重要性を理解することをねらいとする。

(2)ワークの進め方

①　これまでの現場実習や学習において最も成功したと思う体験について，具体的に書き出し，その成功の理由について考察する。

②　書き出した内容について，自己評価を行い，成功の妥当性について検討する。

③　4人1組のグループを作り，自分の体験とその成功の理由，自己評価について，グループ内で発表する。

④　グループ内での発表をもとに，互いの体験への評価について，改善のための視点での提案をグループ内にて示す。

4　本章のまとめ

　子育て支援は，子育て家庭の現状を把握するための広範な情報収集と精緻なアセスメント（事前評価）により，課題を見出し，その解決に向けて支援計画作成に取り組み，実践へと至る。ただし，全てが計画通りに進むことは難しく，

第Ⅱ部　保育者の子育て支援の展開

状況に応じた柔軟な対応が求められる。そのため，保護者との協力・連携，協働が必要不可欠である点を忘れてはならない。また，実践を丁寧に捉えた記録と，記録に基づいた丁寧な評価を保護者と共に行うことで，課題をさらに確認し，以後の解決に向けた支援（改善）へと取り組むことができる。

　子育て支援は，保育者から保護者への指導的な関わりではなく，保護者と共に解決へと向かうプロセスである。ケース内容・程度等，必要に応じてソーシャルワークの援用も有効である。そのような点も念頭に置きながら，保育者として問題解決に向けた具体的な支援策を見出すことができるよう，常に振り返りを行い，自らの支援を省察することが求められる。

注
(1)　ソーシャルワークについては，理論の違い等によってさまざまな捉え方がある。ここでは，「人々が生活をする上で抱える問題の軽減（緩和）・解決に向けて，（対象者の）生活の全体性から環境との相互作用に焦点を当て，社会福祉専門職が知識・技術・方法等を活用して行う専門的な取り組み」と捉える。なお，ソーシャルワークと同様，子育て支援の展開過程についてもさまざまな捉え方があり，本文中で示しているものは一例である。
(2)　具体的な留意点として，例えば次のようなことが挙げられる。①保護者が求めている支援に最大限沿っていること，②目標は達成可能かつ明確で，効果が測定できるよう設定されていること，③子どもの発達を支える視点を共有し，家庭の成長が強調される肯定的な言葉で表現されていること，④サービス機関や施設の機能と提供される支援内容が一致していること等である。
(3)　日本社会福祉実践理論学会監修，米本秀仁・高橋信行・志村健一編著『事例研究・教育法──理論と実践力の向上を目指して』川島書店，2004年，128-129頁。
(4)　ソーシャルワークにおけるアプローチの一つ。生態学や生活モデルを基礎とし，人の長所や，人と環境の交互作用に着目しながら，問題解決を図ろうとするもの。
(5)　湯浅典人「エコマップの概要とその活用──ソーシャルワーク実践における生態学・システム論的視点」『社会福祉学』33(1)，1992年，119-143頁。

参考文献

相澤譲治・井村圭壯編著『社会福祉の相談援助』久美，2012年。

小原敏郎・橋本好市・三浦主博編著『演習・保育と保護者への支援──保育相談支援』

第 7 章 支援の実践・記録・評価

　みらい，2016年。
小林育子『演習　保育相談支援 第 2 版』萌文書林，2013年。
橋本好市・直島正樹編著『保育実践に求められるソーシャルワーク──子どもと保護者
　のための相談援助・保育相談支援』ミネルヴァ書房，2012年。

第 8 章	職員間・関係機関との連携・協働

――― 学びのポイント ―――

　子育て支援を行っていく中で，保育者だけでは解決できない複雑な課題が多くなってきている。保育所全体で共通理解をして対応しなければいけないこと，また，必要に応じて専門性をもった関係機関との連携・協働して保護者と課題に向き合わなければならないこともある。そのためには，保育所全体でどのように情報共有をし，連携を図りながら対応をするのかを学ぶことが大切である。また，現場の保育者は地域にどのような機関が存在していて，どんな役割を担っているのかを具体的に知らないことが多い。必要な方を必要な機関につなげていくためには，それぞれの機関の支援や相談内容について知らなければいけない。これらのことについて，第 8 章では学びを進めていく。

① 園全体で子育て支援をしていく必要性。
② 職員間の情報に対する共通理解の方法。
③ 関係機関の役割と機能の理解。
④ 関係機関との連携のあり方。

1　職員間の連携・協働

（1）　チーム（園全体）で取り組む意義

　近年，保育者がチーム（園全体）として保育や子育て支援を行うことの大切さが言われるようになってきた。「保育所保育指針」第 5 章「職員の資質向上」では，保育所全体の保育の質の向上のために，職員の「共通理解」と「協働性」という言葉が挙げられている。[1] これまで，保育者の資質向上という際には，保育者一人ひとりの専門性の向上について焦点が絞られていたが，2008（平成20）年改定の際から「協働性」[2] という言葉が使用され，組織の一員としての保

第 8 章　職員間・関係機関との連携・協働

育者の成長や，組織全体としての保育の質を向上することが明記されており，保育者同士が「共通理解」や「協働性」をもって，保育や子育て支援を行うことが求められている。

　皆さんは 1 人では乗り越えられなかったことでも，仲間と一緒なら乗り越えられたという経験をしたことはないだろうか？　1 人で考えると視野が狭くなったり，一方向からしか物事を捉えられなかったりする。それが，仲間が集まると，自分にはなかった視点で物事を見てくれ，情報を与えてくれ，意見を言ってくれる。子育て支援を行っていく中でも，同様のことがいえる。

　保育現場の子育て支援の多くは「保護者からの相談」が多いと思われる。その際，対応するのはクラス担任が中心になる。しかし，同じ園の保育者であっても，乳児期の生活面の育ちに詳しい保育者，幼児期の遊びの内容を得意とする保育者，地域の関係機関についての詳細な情報をもっている保育者など，保護者が必要とする子育てに関する情報量はさまざまである。

　保護者との信頼関係ができているクラス担任が対応することはもちろん大切である。しかし，1 人で抱える情報量が少ないので，チーム（園全体）で情報共有し，連携して子育て支援に取り組んでいく中で，早期に課題解決につながる可能性はより大きくなる。ここに，チーム（園全体）で子育て支援を行っていく意義がある。

（2）　チーム（園全体）で取り組む方法

1）保育現場で行われる「カンファレンス」

「保育所保育指針」第 4 章「子育て支援」では，保護者に対する子育て支援において，地域の関係機関等との連携及び協働を図り（第 1 章・本章第 2 節参照），保育所全体の体制構築に努めることが求められており，保育所全体での[3]情報の共有や，担当者を中心とした保育者の連携体制の構築に努め，組織的に子育て支援に取り組んでいくことが重要になっている。

　チーム（園全体）で保育や子育て支援に取り組んでいくには，職員間で保護者からの相談内容についての情報共有を行うことが大切である。そのための一

第Ⅱ部　保育者の子育て支援の展開

般的な方法に「カンファレンス」がある。

　保育現場で行われているカンファレンスは「保育カンファレンス」と呼ばれ，保育者が同僚などとともに子どもの遊びの姿や保育者の関わりと環境構成等について意見を出し合い，子どもの理解を深め，保育実践を改善するために行われることが多く，前述した「共通理解」や「協働性」を高めるための園内研修の一環として行われることもある。

　一方，特定の子どもへの保育や保護者への対応に関して話し合うために行われるのが，「ケースカンファレンス（事例検討，ケース会議）」である。「ケースカンファレンス」は，支援を必要とする子どもや保護者が安心して園生活を送ることができるように，園内の関わりのある保育者で小さなチームを作り，情報を共有しより良い支援ができるようにする検討会議のことである。

2）ケースカンファレンスの進め方

　図8-1には，ケースカンファレンスの進め方の一例を示している。

　子育て支援の展開過程については，第3章および第7章に詳細に記載されているが，カンファレンスを行う前に，情報の収集（問題把握・アセスメント）をしっかりと行い，カンファレンスを行うための十分な資料を準備する必要がある。そのためには，保育現場で日常的に行われるエピソード記録や，ジェノグラム，エコマップといったマッピング技法（第7章参照）等を有効に活用して記録を行っておくとよい。

　カンファレンスの内容としては，提示された子どもや保護者に関する資料を基に，抱えている困難さや問題について確認，検討を行い（アセスメント），支援計画の作成を行う。実際に保育や支援を実施した後は，経過報告を行い，必要に応じて支援計画や支援内容の見直しを行い，状況に応じて地域の関係機関との連携，協働についても進めていくとよい。なお，カンファレンスは，職員間での情報共有という観点で重要な役割を果たしているが，個人情報保護や守秘義務の観点から，知り得た情報の管理については細心の注意を払う必要がある。

第8章　職員間・関係機関との連携・協働

図8-1　ケースカンファレンスの進め方

①ケースカンファレンスの参加者
- 必要に応じて，子どもや保護者に関わりのある職員（クラス担任，兄弟・姉妹のクラス担任，事務職員，園長，主任等）が参加する。

⇩

②支援の内容を検討するために話し合う
- 子どもや保護者がどのようなことに困っているのか，今の状況をクラス担任から報告をする。
- クラス担任以外の職員が子どもや保護者について気づいたことを話す。
- 支援が必要な原因や背景を探り，仮説を立てる。
- 短期の目標を決める。
- 支援内容（具体的な取り組み）を検討する。

⇩

③支援内容（具体的な取り組み）を実施する
- 検討した支援内容は，すぐに実践する。
  →効果が表れない場合は，支援内容を再検討する。
- 検討した支援内容は，必ず実践する。
  →支援内容が難しい場合は，支援内容を再検討する。

⇩

④経過報告と支援計画・内容の修正
- 経過報告と支援内容の見直しを行う。
  →必要に応じて，関係機関との連携を図ることを検討する。

出所：鳥取県教育委員会東部事務局「特別支援教育主任のための手引」2016年，24頁を基に筆者作成。

―― 演習課題（ワーク）――保育者の協働性について考えてみよう ――

(1)ね ら い

　保育現場では，保育者同士が「共通理解」や「協働性」を持ち，チーム（園全体）として保育や子育て支援を行うことが求められている。ここでは，保育現場において，チームとして行われている保育について考えてみよう。

(2)ワークの進め方

①　これまでに経験した実習やボランティア等で，複数の保育者が協力して行っていると思われた保育場面について具体的に書き出す。

113

第Ⅱ部　保育者の子育て支援の展開

② 4人1組のグループとなり，グループ内でその場面について発表する。その後，それぞれの場面についてさらに理解を深めるために，質問や感想等を言い合い，話し合う。

③ グループの中で，保育者が協力して保育を行うために，事前にどのような準備（打合せや情報共有）を行っているのかについて話し合ってみよう。

④ グループでの話合いをもとに，保育者同士が「共通理解」し「協働性」をもって保育をすることの大切さについて，気づいたことを一人ひとり記入する。

2　関係機関との連携・協働

（1）　課題別にみた関係機関

　子育て支援に関わる課題を分け，それぞれの場合で園と関係する機関等をまとめたものが表8-1である。表8-1に示したように，子どもや保護者の課題や状況に応じて，適切な機関の紹介，情報の提供を行うことが大切となる。さまざまな社会資源を活用しながら支援を行うことで子どもや保護者の利益が図られる場合は，園だけで問題を抱え込むのではなく，関係機関と連携して支援することが重要である。

　例えば，子どもの障害や発達上の課題がある場合，保育者が児童発達支援センター等の助言を受けたり，保護者が相談できる市町村の発達相談窓口を紹介する等の支援方法を理解しておく必要がある。就学に関しても，保護者の意向を丁寧に受け止めつつ，教育委員会や小学校といった就学先と連携を図るといった相談の流れを理解しておくことが重要となる。

　他方，外国籍家庭や貧困家庭などに関しては，まだまだ連携できる機関が少ないのが現状である。そのため園と関係機関が連携して行える役割を明確化しておくことが重要となる。

第8章　職員間・関係機関との連携・協働

表8-1　子育て支援に関わる課題別にみた関係機関

課題の内容	関係機関等
子どもが障害や発達上の課題のある場合	• 児童発達支援センター，児童発達支援事業所 • 市町村の発達相談窓口 • 児童相談所 • 保健機関（保健所・保健センター），医療機関 • 学校，教育委員会　等
虐待が疑われる場合	• 市町村の虐待対応窓口 • 児童相談所 • 子育て世代包括支援センター • 保健機関（保健所・保健センター），医療機関 • 学校，教育委員会　等
保護者が子育ての不安や孤立感を感じている場合	• 子育て世代包括支援センター • 地域子育て支援拠点（子育て広場・子育て支援センター等） • 医療機関・保健機関（保健所・保健センター）等
特別な配慮を必要とする家庭の場合（外国籍家庭やひとり親家庭，貧困家庭等）	• 市町村の子育て支援・福祉窓口 • 保健機関（保健所・保健センター），医療機関　等

　また子育て支援や福祉の制度は頻繁に法改正がなされるため，その動向を知っておく必要がある。例えば，虐待相談の第一義的な窓口は10年以上前から児童相談所から市町村に移っている。また，表8-1に示した子育て世代包括支援センターは，妊娠期から子育て期にわたる総合的相談や支援を実施する新たな機関であり，2016（平成28）年に法定化されている。なお，各関係機関の詳しい内容，例えば業務内容や職員構成等は第4章に記されており，そちらを参照してほしい。

（2）　関係機関との連携の際に求められる基本的な姿勢

　現在，保護者が抱える問題は複雑で多様化する傾向にあり，園だけでは対応しきれない事例も多くなっている。専門的な機関で必要に応じた支援を受けることが，子どもや保護者にとってより良い結果を生む場合もある。ここでは，連携の際に求められる保育者の基本的な姿勢を解説する。

1）子どもや親が主体となる連携の構築

　園と関係機関との連携を考える場合，何のための連携か，誰のための連携か，連携の目的を意識した取り組みが求められる。言うまでもなく，連携の目的は，子どもの最善の利益の実現が優先されるべきであろう。また，保護者の意向や事情を踏まえた連携であることも大切である。つまり，園と関係機関の意向が優先されるのではなく，子どもや保護者の状況に配慮した連携を行うことが求められている。

2）地域の資源（リソース）の把握

　地域には，子どもの育ちを支えるさまざまな事業や機関が存在している。連携のためには，例えば，障害のある子どもが通園する児童発達支援センターの指導内容や児童虐待の対応等に関係する要保護児童対策地域協議会の役割など，連携先の機能や内容をある程度把握しておくことが求められる。最近は市町村のホームページから情報を容易に得ることができる。また，可能であれば，必要なときには連絡できるように関係機関のスタッフと顔の見える関係になっておくとよい。

3）対等な立場での連携

　関係機関と連携する際，「専門家の先生にすぐに役に立つアドバイスをもらいたい」といったように，保育者が他機関の専門家に依存する場合がある。このような「指導する－される」といった関係では，子どものための有効な支援方法を導き出すことができない場合が多い。保育者の専門性や主体性が活かされる対等な立場での連携が求められる。

4）自分達の役割責任の自覚

　言うまでもなく，保育者は，日々の生活や遊びを支援するプロである。連携の際には，自分たちにできることをしっかりと自覚した上で，関係機関と協力することが求められる。また連携の際の保育者の役割として，個人情報の管理の徹底が挙げられる。安易に子どもや親の情報を伝えることがないように注意しなければならない。原則として個人情報のやり取りは親の承諾が必要であり，機関の間で共有する情報の範囲や内容，管理する方法を明確に決めておく必要

第8章　職員間・関係機関との連携・協働

がある。

演習課題（ワーク）──発達上の課題のある子どもや保護者への支援を考える

(1)ねらい

　発達上の課題のある子どもの事例を通して，園が関係機関と協力して子どもの成長を支援するために，どのような関係機関に，どのような内容を期待して連携を行うのか理解する。

> ──事　例──
>
> 　保育所に通うたかしくん（3歳児クラス）は，お集りの時間に落ち着きがなく歩きまわったり，友達との関係でも手が出ることが多く，言葉で自分の要求や気持ちを表現することが難しい。また，最近，保育参観でたかしくんの様子を見た母親も，家庭と園での様子が違うことを気にして心配している。

(2)ワークの進め方

① 上記の事例を読み，子どもや保護者を支援するために園が連携できる関係機関を3つ挙げ，それぞれの機関が支援できる内容を書き出す。

② 5人1組のグループとなり，グループ内で自分の意見と，なぜそのように考えたのかを発表する。

③ どのように役割分担をするのがよいのか考え，相手への伝え方を考える。

④ クラス全体にグループの代表者が意見をまとめ発表する。

3　本章のまとめ

　本章の冒頭でも述べたように，今，子育て支援を行っていく上で，保護者が抱える課題が複雑化，多様化し，保育所だけで対応しきれなくなっているのが現状である。保育所内の職員で支援が必要な子どもや保護者に対してのケース

第Ⅱ部　保育者の子育て支援の展開

カンファレンスを丁寧に行い，さまざまな視点から支援内容を考えていくことが求められている。支援内容について改善や見直しを繰り返し行い，その上で，状況に応じて関係機関と連携を図ることが必要になってくる。その際に，適切な機関との連携が行えるようにパイプ役となるのが保育所である。その連携にあたり，「子どもや保護者が主体となる連携の構築」「地域の資源（リソース）の把握」「対等な立場での連携」「自分達の役割責任の自覚」を意識することが不可欠である。

注
(1) 厚生労働省編『保育所保育指針解説』フレーベル館，2018年，350頁。
(2) 厚生労働省編『保育所保育指針解説書』フレーベル館，2008年，202頁。
(3) 厚生労働省編，前掲(1)，331頁。

参考文献
厚生労働省編『保育所保育指針解説書』フレーベル館，2008年。
厚生労働省編『保育所保育指針解説』フレーベル館，2018年。
鳥取県教育委員会東部事務局「特別支援教育主任のための手引」2016年。

第Ⅲ部　事例で見る保育者の子育て支援

<table>
<tr><td>第9章</td><td>保育所等を利用している保護者への支援</td></tr>
</table>

―― 学びのポイント ――――――――――――――――――――――――――

　本章では保育所等を利用している子どもや保護者を取り巻く支援のニーズを的確に
捉え，具体的な支援ができるように保育者と保護者の双方の思いを汲み取ることがで
きるように事例検討を行う。保育所等にはさまざまな家庭で育っている子どもがいる。
その多様な家庭の子どもや保護者に対してどのように支援を行うのか，一人ひとりの
ニーズは何か，保護者へどの程度の支援を行うことで解決に向かうのかなど，マニュ
アル通りにはいかない子育て支援について，保育者としての寄り添い方を検討する。
また保育者としてどのように子どもや保護者と関わることが真の子育て支援といえる
のか，その家庭の状況によって支援のあり方は一様ではないことを理解する。

　　① 保護者と保育者が，共に子育てをする事はどういう事かを知る。
　　② 保護者や保護者のニーズを知るために，どのようなことに留意しなければな
　　　らないかを感じ取る。
　　③ 保護者の子育て力を高めるために，保育者としての必要な関わりとは何かを
　　　知る。

―――――――――――――――――――――――――――――――――――――

1　親同士のネットワークづくりと子育てへのアドバイス

（1）　事例のねらい

　母親は，保護者と保育者が共に子育てができることを期待し，やすくんを育
児休業明けすぐからC保育所に入所させた。しかし，C保育所に入所させてす
ぐ，送迎方法のことについて不信感を抱くようになった。

　本節では，保育所だけがあるいは保護者だけが子育てをするのではなく，保
育所等と保護者が共にその子のことを考えながら子育てをしていくとはどうい
うことか，保護者が共に子育てしているという実感が持てるような送迎方法は

どのようなものか，保育者の関わり方や具体的な支援の方法について学ぶ。事例の中から，①仕事で忙しい保護者への寄り添い方，②親同士のネットワークづくりの橋渡しの仕方，③子育てに対するアドバイスの内容，の3点を感じ取り，子どもの味方，保護者の味方としての保育者の役割について学びを深めていく。

（2） 事例の概要

やすくん（2歳児），かずくん（1歳児），父親，母親の4人家族。朝の送りは両親が行っている。主に母親が保育所の中まで入って保育者と話をし，父親は保育所の駐車場で待っている。

母親は，やすくんを出産する際に育児休業を4カ月程度取得した。保育者とともに子育てをしたいという思いを持って，育児休業明けよりやすくんをC保育所に入所させた。C保育所では子どもの受け渡しが玄関ホールで行われていた。玄関ホールには送迎担当保育者が2名いて，迎えの際にはクラス担任は送迎担当保育者に子どもを預けて，送迎担当保育者から保護者に子どもと荷物をお返しするというシステムを取っている保育所である。

母親は，日中保育してくれている保育者とコミュニケーションが図れないことを不思議に思う気持ちが募っていった。母親は，やすくんがクラスの中でどのように過ごしているのかを送迎時に垣間見たいという思いがあったが，叶わなかった。C保育所を退所する前にD保育所を見学した。D保育所の園長は「保育所に預けっぱなしにしたくないということですね」と伝えた。母親はこの時，園長や保育者に理解してもらえたという思いを抱くことができた。母親にはD保育所では送迎時にその日あった出来事などを伝えているということ，心配なことがあればいつでも相談してほしいと伝えた。やすくんは，翌月からD保育所に入所した。

母親はかずくんを出産後，育児休業を取得せずに仕事に復帰した。かずくんは日中祖父母宅に預け，4時になればやすくんの迎えを祖父母が行っていた。

母親の仕事は片道1時間半程度かかり，帰宅は毎日19時過ぎになるため，や

第Ⅲ部 事例で見る保育者の子育て支援

すくんとかずくんは，夕食を祖父母宅で食べさせてもらっている。かずくんが生後半年になる10月からD保育所に入所できるように申請していたが，入所できずに待機児童となり，1歳から入所した。

（3） 事例の展開

母親は仕事を継続しながら資格取得のために通信教育で学び始めた。保育者から見ると母親は家庭でのことや子育てのことも頑張りすぎていることが垣間見えたため，担任の吉田保育士が「お母さん，いつも仕事と家事を頑張っていますね。たまに息抜きしていますか」と伝えたところ，母親は「えっ？　いいんですか？」と驚いた表情をしていた。

やすくんが1歳児の時には便秘で通院をするようになった時も，担任の吉田保育士は「この子はあまり泣かないから育てやすいでしょ。泣いたら腹筋使うんだけどなあ。お腹のマッサージも大事だけど，コチョコチョ遊びとか取り入れたりしながら笑わせたりしたらどうかな」とアドバイスした。

母親はそのアドバイスの通りに家で子どもと触れ合い遊びを楽しむようになった。しばらくすると子どもの便秘は解消した。また時々，母親がやすくんとかずくんを家族に預けてランチに行く時もあるようだった。吉田保育士には「時々，息抜きするようになった」と伝えるようになった。やすくんのクラスでは，やすくんとあやちゃんが一緒に遊ぶことも見られ，吉田保育士が送迎時にこの事を話題にしたのがきっかけで，あやちゃんの母親と話をするようにもなった。

母親は，子どもの保育だけではなく母親自身に寄り添う言葉をかけてくれたことや，今一番困っている事柄に対する具体的なアドバイスをしてくれたことによって，吉田保育士に信頼を寄せるようになった。吉田保育士自身の子育ての話にも耳を傾けて，吉田保育士からアドバイスされたことを取り入れようとしたこともあった。吉田保育士から見ると，母親が以前に比べて子育てをよりポジティブに捉えられるようになってきたと感じられた。

第 9 章　保育所等を利用している保護者への支援

（4）　事例の考察

　保育所等に通っている子どもの保護者の多くは仕事をしながら子育てを行っている。親は子どもより早く起きて，朝ごはんを作ったり子どもの着替えを手伝ったりしながら自分の支度もしている。

　この家庭では 7 時半に子どもを預けなければ母親の勤務に間に合わないため，両親ともに早起きし，数品の食事を調理し掃除もしてからD保育所に預けて出勤していた。朝から授乳，離乳食作り，親の食事作りを，2 人でこなしている時があった。

　母親は仕事も子育ても精一杯取り組んでおり，精神的に不安定ではないが毎日の生活だけで精一杯ということが保育者から見て取れるため，息抜きをする時間が必要だと感じて，その事を提案した。また，送迎時の母親と吉田保育士とのコミュニケーションから，母親はママ友を作ることができ，息抜きの方法や子育てのコツなど吉田保育士から学び取ることができていた。

　やすくんの便秘についても母親は通院させたり服薬させたりしていたが，吉田保育士はやすくんと母親との触れ合い遊びの提案をすることによって，子育ても頑張りたい母親が，やすくんと向き合う時間を捻出しようとするかもしれないということや，やすくんの体調にも変化が見られるのではないかということを見越していたことがわかる。

　保護者の中には，子育ても仕事も家事もすべて頑張ろうとしている人もいる。特に精神的に支えを必要としていないと思われる保護者の場合にでも，保育者はその保護者に対して「保育所等で保育する以外の子育て支援は必要ない」と判断してはいけない。一生懸命頑張っていて充実していると見える保護者にも具体的な息抜き方法を伝えたり，子育ての先を見据えた言葉がけを行ったりしながら，子育てを精神的に支援している事が保護者に伝わるようにしなければならない。

第Ⅲ部　事例で見る保育者の子育て支援

2　子どもを「かわいい」と思い続けられる環境の構築

（1）　事例のねらい

　保育者は何がきっかけで親が子どものことをかわいいと思えなくなったのか
を探ることに加えて，子どもに対する支援のアプローチ方法と親に対する支援
のアプローチ方法を考える必要がある。

　親の子育てに対する意識を変えるためには，保育所等としてチームでどのよ
うに子ども一人ひとりを支えるのか，親に対してどう支えていくのかを考え，
親の子どもに対する気持ちの変化について敏感に感じ取り言葉をかけていくこ
とが求められる。

　本節では，①親が子どもを「かわいい」と思えなくなった原因は何か，②親
が子どもを「かわいい」と思う最初のきっかけは何か，③親が子どものことを
理解できるようになるための保育者の働きかけについて，何がポイントとして
挙げられるのか，の3点について読み取っていきたい。

（2）　事例の概要

　えいじくん（3歳児）は生後間もなく呼吸が止まってしまうことがあり，出
生後すぐに新生児治療施設のある総合病院に救急車で搬送されていった。

　えいじくんは数日後には呼吸も安定し退院できたが，1年間経過観察が必要
とのことで，数カ月に一度総合病院を受診することになった。1歳の誕生日前
後には，母親はえいじくんに対して発達の遅れを感じておらず，理解語もあり
絵本を読んで一語文も話しているという姿を捉えている。そのような姿がある
にもかかわらず，経過観察があと半年延長になった。1歳半の時には経過観察
も終わり，言葉の遅れも知的な遅れも無さそうだということで，通院は1歳半
で終了した。

　保育所ではえいじくんの上のきょうだい（ひでくん，5歳児）も預かっていた
が，母親は半年に1度程度，ひでくんのみ休ませ，えいじくんを保育所に預け

第9章　保育所等を利用している保護者への支援

て，「今日は，ひでくんと2人の時間を過ごします」ということがあった。母親はえいじくんのことをかわいがっていないわけではないが，2歳児クラスの担任の佐藤保育士は，母親のひでくんに対する関わり方とえいじくんに対する関わり方が少し違うようにも感じていた。

　えいじくんが3歳児クラスになった際，渋谷保育士（新卒新任保育者）が15名程度を1人で担任することになった。渋谷保育士は，引き継ぎの際にきょうだいで異なる関わりを母親がしていると思われるとの報告を，前年度担任の佐藤保育士から受けていた。クラスの中には障害児と認定されていないが多動の傾向がある子どもや，友達に対して乱暴な言動がある子どもがいたりなど，えいじくんの母親は渋谷保育士が大変かもしれないと想像し，送迎時にそのクラスの子どもの様子を見て「渋谷先生，うちの子も含めてこのクラス大変でしょ。ごめんなさい」と伝えた。渋谷保育士は「いいえ，みんなかわいいんです」と笑顔のままでえいじくんの母親に伝えた。

（3）　事例の展開

　母親はひでくんの子育てに精一杯であり，えいじくんの生後すぐの状況から「障害かもしれない」という強い不安に襲われている。そういった経験から，母親は「佐藤先生や担任の渋谷先生から『えいじくんのことをかわいいと思っていない母親』だと思われているかもしれない」との思いを抱くようになり，えいじくんが3歳児クラスになってしばらくすると「えいじくんのことをかわいいと思うようにしよう」という姿が見られ，ひでくんだけ休ませることは無くなった。

　3歳児クラスの中ではえいじくんは他児に流されることはなく，乱暴な子どもがいても，嫌な事は「いや」と伝えることができたり，クラスのリーダーシップ的な役割を担っていたが，何でも興味を持ってやってみたい，触ってみたいという子どもらしいえいじくんの行動に，母親はおとなしいひでくんとの違いを感じていた。

　えいじくんが4歳児クラスの時には，ベテランの田中保育士が担任になり，

125

第Ⅲ部　事例で見る保育者の子育て支援

年度末の最後の生活発表会の際に，えいじくんが適役だということで主役に抜擢された際も，母親はそのえいじくんの姿を見るまでは，えいじくんがクラスの中でリーダーシップ的な役割を担っていることを理解できていないようであった。えいじくんの子どもらしい面をひでくんと比較して「やりにくさ」として感じ取っていたようにも見えた。生活発表会後の田中保育士との送迎時の話から，3歳児クラスの担任の渋谷先生や4歳児クラスの田中保育士が話していたように，えいじくんがリーダーシップ的な役割を担っているということがやっと実感できたということを話していた。

　5歳児クラスの際の音楽会では，えいじくんが音楽的なことに興味を持っていたため，藤谷保育士が「えいじくんはお耳がいいから，音楽的なことが得意なのかもしれませんね」ということを伝えると，母はすぐにピアノ教室を探して習わせ始めた。小学校に入学する頃には，えいじくんとひでくんともに違いを認めてかわいがる姿がみられるようになった。

　保育者は一人ひとりの子どもを丁寧に見て保育をするだけではなく，送迎時の保護者との会話より心身の状態を感じ取り，気になる子どもの様子や保護者の様子などを会議等で話題に挙げていた。年度が変わる際には，担任同士で引き継ぎを行っていた。

（4）　事例の考察

　本事例は保育者から見て，母親が子どもをかわいいと感じ取れていないかもしれないと感じる事例である。一方で保育者から見て，母親は仕事にも子育てにも一生懸命であると感じ取れることもある。

　ひでくんは嫌なことがあってもがまんしてしまう所がある。給食で嫌いな食べ物があっても嫌と言わず，保育者に言われて口に入れるが，飲み込めずに静かに泣いていることもある。母親の性格は，保育者の話を聞きすぎるひでくんとよく似ている。

　保育者が，子どもの事を「かわいがってあげて下さい」と言うのは簡単かもしれない。しかしそれは「あなたは子どもをかわいがっていませんよ」という

第9章　保育所等を利用している保護者への支援

言葉にも受け取れたり，「（保育者はかわいがっていますが）親のあなたは，かわいがっていますか」と疑われているように受け取られてしまうこともある。

それより保育者が「この子，かわいい」という思いを持って子どもと関わり，その子どものかわいい面を保護者に具体的に伝えていったり，「かわいい」という言葉を実際に使って保護者と話していくことで，「自分の子どものことを，先生はかわいいと思っている」→「先生の言うように，かわいい面もあるかも」→「かわいい面もあるよね」→「かわいい」というように段階を踏んで，わが子を「かわいい」と思えるようになることもある。「保育所保育指針」には，「保護者に育児不安等が見られる場合には，保護者の希望に応じて個別の支援を行うよう努めること」（第4章第2節第3項）とある。また，他にも「保育及び子育てに関する知識や技術など，保育士等の専門性や，子どもが常に存在する環境など，保育所の特性を生かし，保護者が子どもの成長に気づき子育ての喜びを感じられるように努めること」ともある（第4章第1節第1項）。事例は育児不安まではいかないが，保護者への個別の関わりの必要性を示す事例である。

子育ては子どもが年長ぐらいになれば，多くのことを子どもが自分でできるようになり少しは楽になることもあるが，それまでの数年間，子どもに対して手をかけなければならないことが多い。それを「楽しい」のか「しんどい」のか「しんどいけど楽しい」のか「楽しいけどしんどい」のか，親の精神状態によって受け止め方はさまざまである。

事例では，担任の渋谷保育士がえいじくんを含めたすべての子どものことを「かわいい」と発したことが，母親にとってえいじくんのかわいさに気づく最初のきっかけとなった。4歳児クラスの田中保育士はベテラン保育者で，子どものもっている力を保育の中から最大限引き出すことができていた。それを母親自身もえいじくんの姿として感じ取ることができた。

5歳児クラスでは，さらに親の知らない子どもの力を伝えることによって，親は子どもにさらに期待を寄せるようになっていっている。

保育施設全体で子どもの成長を見守るためには，職員間の連携が必要である。

第Ⅲ部　事例で見る保育者の子育て支援

子育てがしんどいと思っている時には「預かることも子育て支援」という認識を持って，保護者が子育てを負担に感じてしまわないようにすることも大切である。保護者の精神的なゆとりが出てくれば，子どもの成長も相まって子育てを楽しいと感じることができるようになる。保育者は子どもの発達段階に応じて言葉をかけたり見守ったりするなどの関わりをしており，その関わりは子どもの特性に応じて関わりをオーダーメードしている。子育て支援についても，同様に保護者が子育てを楽しいと思えるために，その保護者に対してどのような支援ができるのかを考えて，親の特性や親の求めている支援と保育者としてできる支援の幅を考えながら，親に対する子育て支援をオーダーメードしていくことが必要である。

3　多様な勤務形態を踏まえた関わり

（1）　事例のねらい

　子どもを預けている保護者の状況も多様化してきており，保護者の数だけニーズも違ってくる事は十分に考えられる。子どもを預ける親の勤務の状況を把握し，適切な声かけができるようにするためには，保育者は親の仕事に対する理解をしていく必要がある。

（2）　事例の概要

　しんちゃん（4歳児）の母親は勤務地が遠い。しんちゃんの保育時間も比較的長い。早朝保育を利用する際も，母親が早く出勤する必要がある時には，父親がしんちゃんを保育所に連れてくることがある。

　しんちゃんの母親は夕方からの会議が長引いた場合，子どもの迎えに間に合うギリギリの電車時間は何時なのか，いつこの会議が終わるのかなどの心配をしながら仕事をしていることがあったり，いつか閉所時間までに迎えに行くことができない時が出てくるのではないかと，心配をしながら仕事をしているということを話していたこともあった。

第9章 保育所等を利用している保護者への支援

しんちゃんの母親は仕事関係で締切間近の書類があり，自宅にて仕事をするため，その日は出勤する予定にはしていなかった。通勤時間の分を自宅で仕事に充てるつもりであった。早朝保育を利用せずにしんちゃんを保育所に預けに来た際，保護者は「今日は家で仕事をしますので，延長（保育）なしで迎えに来ます」と伝えた。担任で新人の三宅保育士は「わかりました」と伝えた。その後，すぐに帰りかけている保護者を呼び止めて「しんちゃんのお母さん！今日お仕事お休みなら，早くにお迎えに来て下さいね」と伝えた。母親は「延長なしでお迎えに来るつもりですが，それより早く来た方がよいのですか」と聞くと，三宅保育士は「3時ぐらいに来られますか」と伝えた。母親はその言葉を聞いて，「家で仕事をします」と伝えたが伝わらなかったという思いを抱いたということである。

（3） 事例の展開

翌日，もう一人の担任の山本保育士は，三宅保育士に対して「昨日のやり取りは不適切では」と伝えた。そこで，前述のやり取りの翌々日，三宅保育士は早朝保育出勤ではなかったが，しんちゃんの母親に改めてお詫びしようと，しんちゃんの登園時間に合わせて出勤し「お母さん，先日はごめんなさい」と詫びた。

後日，園長としんちゃんの母親が話す機会があり，三宅保育士とのやり取りが話題に上った。母親は，自宅で仕事をすると言った日，多くの仕事を抱えており満員電車での通勤が辛く思えて，一人で家で仕事をしたいという気持ちになったと伝えた。その後，園長は，担任の保育士たちに「保育所にはさまざまな職種の親がおり，その職種の持つ仕事の特性を保育者が理解して保護者に対する関わりをしていかなければならないのではないか」と伝えた。

（4） 事例の考察

しんちゃんの母親は，仕事の状況によって自由な働き方ができる一方で，出張も多く忙しい時とそうでない時の差が激しい。親が子どもを預ける理由の多

129

第Ⅲ部　事例で見る保育者の子育て支援

くが親の勤務のためであるが，その親の仕事や働き方は多様である。

　保護者も，たまにはゆっくり1人の時間を過ごしたいと思うのが本音である。事例の場合は，自宅で仕事をしようとしている母親の言葉を，「勤務が休み」と誤解した保育者の関わり方に問題がある。満員電車の通勤もしんどいと思うほど，体調が思わしくない一日だったとのことである。

　事例の母親も子どもの母親ではあるが，一人の社会人であり，妻であるというように何役も担っているということ，たまには母親にも一人の時間が大切で，そのような時間をもつことで，子育てで子どもによい影響を与えることを，保育者自身が理解をしていかなければならない。家庭での保育も大切であるということは保育者として認識する必要がある。母に寄り添う言葉をかけるゆとりも，保育者には求められるのである。

4　本章のまとめ

　本章の事例で見てきたように，子育ての多様なニーズに対して保育所等ですべて応えなければならないかというとそうではない。各保育所等が「保育所保育指針」や「幼保連携型認定こども園教育・保育要領」のもと各園の方針があり，それに基づいて保育が行われているため，保護者のニーズをどこまで聞き入れるのかについては検討する必要がある。また保育所等によって行われている子育て支援は，地域によっても違いがある。

　このように保護者の子育て状況によってニーズが多様であり，そのニーズを保育所等としてどこまで応えるか，保育者個人レベルでどこまで応えることができるのかを理解しておくことが重要である。

第9章 保育所等を利用している保護者への支援

―― さらに考えてみよう ――

① 保護者が我が子のことを「かわいいと思えない」と伝えてきた時，保育者としてどのような関わりができるのか考えてみよう。

② 保護者が，仕事上のストレスなどを抱えている時のコミュニケーション方法を考えてみよう。

③ 送迎を祖父母が行い，なかなか保護者に会えず，保護者とのコミュニケーションが図れない場合，どのような方法で保護者とコミュニケーションをとればよいのか，考えてみよう。

参考文献

安藤忠・川原佐公編著『特別支援保育に向けて――社会性を育む保育その評価と支援の実際』建帛社，2008年。

厚生労働省「保育所保育指針（平成29年告示）」フレーベル館，2017年。

鶴宏史編著『障害児保育』晃洋書房，2018年。

内閣府・文部科学省・厚生労働省「幼保連携型認定こども園教育・保育要領（平成29年告示）」フレーベル館，2017年。

第10章	地域の保護者への支援

--- 学びのポイント ---

　保育者の仕事は，園に通ってくる子どもと保護者だけではなく，地域に在住する未就園の子どもと保護者への子育て支援が含まれている。保育所保育指針においては，「（在園児の）保育に支障のない限りにおいて（地域の保護者への支援を）積極的に行う」と書かれており，実施するか否か，その方法は任意とされているが，多くの園では，園の環境を生かして，園庭開放や，行事への参加，子ども同士の遊び，等の機会を地域の親子に提供している。

　さらに，保育所では，これとは別に，より専門的な子育て支援の機能が要請される「地域子育て支援拠点事業」を担い，保育者が従事する場合も多くなっている。本章では，これら2つの場合の事例を紹介したい。

　① 地域の保護者が，援助を必要とする理由にはどのような背景があるだろうか。現代特有の家族が抱えている問題について考えてみてほしい。

　② ほぼ毎日会うことができる在園児の子どもと保護者への援助との違いは何だろうか。

　③ 保育者としての基本的な能力が活かせる場面と，より専門的な支援の能力が必要とされる場面には，どのようなものがあるだろうか。

1　園庭開放を初めて利用した親子への関わり

（1）　事例のねらい

　最初に，利用者の多くを占める専業主婦の母親と乳児や幼児がどのような生活を送っているのか想像できるようになり，彼らの抱えている困難に気づき，共感できるようになってほしい。

　その上で，彼らの生活を支えたり，より前向きなものとしたりするために，

保育所の機能を活かしてどのような支援ができるのか，考えてみてほしい。保育所の機能を活かすことで，保護者の不安感の低減，子どもの育ち，保護者同士の人間関係，保育所という場所への理解や信頼，などを促す可能性があることに気づいてほしいと思う。

（2） 事例の概要

中川さんは，健ちゃん（現在2歳0カ月）を出産後，1年以内に第二子を妊娠。妊娠の経過が順調ではなく，家で安静にしていなければならない時期が長かった。そのため，健ちゃんを家の外へ連れていくことができないまま，約2年間過ごしてきた。健ちゃんは，長く大人とのみ過ごしてきたからか，大人っぽい口調で会話し，礼儀正しく行動することが多い。中川さんは，健ちゃんに，子ども同士でたくさん遊び，子どもらしい感情表現を経験してほしいと願っている。

（3） 事例の展開

中川さんは，下の子が月齢3カ月となり，首が座るようになったので，少しずつ外出をしはじめた。近隣の保育所で，月に2回，園庭開放の日があることを知って来園した。普通の公園とは違って，乳児のための授乳場所やオムツ替えの場所が用意されていたり，子どもが泣いても暖かく見守ってくれる大人がいたりする場所であることが，中川さんにとっては安心感につながり，出かけてみようと思うきっかけとなった。

中川さんは，下の子を抱っこしつつ，緊張している健ちゃんと手をつないで，園庭の隅にいた。すると，保育者らしい人が近寄ってきて，「こんにちは！ どきどきしているかしら？ 時間はたくさんあるから，ゆっくりゆっくり。焦らなくていいわよ」とにこやかに声をかけてくれた。中川さんと健ちゃんは，少しほっとした。

健ちゃんは，園庭開放の日にはいつも遊びに来ている常連の子どもたちが，追いかけっこをしている様子を遠くから見ていたが，だんだんと子どもたちの

133

第Ⅲ部　事例で見る保育者の子育て支援

いる場所に近づいていった。中川さんが、その子どもたちの母親と挨拶をし、笑顔で話し始めると、健ちゃんはさらに安心した表情になり、自分から子どもたちに近づいて行くことができた。

健ちゃんと子どもたちは、一緒に追いかけっこをし始めた。笑顔で走り続けるうちに、次第に勢いが増し、健ちゃんは、他の子どもとぶつかってしまう。中川さんは、その子の母親にすぐに謝り、健ちゃんには「走るのはやめなさい」と言おうとした。

その時、保育者が来て、子どもたちの中に自然に入ると「踏切です～」と言って、子どもの視線に合うようにしゃがみ、腕を伸ばして、子どもたちの前に差し出した。子どもたちは喜んで並び、一人ずつ保育者とタッチして、またゆっくり走り出す。勢いがつきすぎてしまった追いかけっこの遊びが少しゆったりとしたリズムに変わり、そのあとはぶつかったり、転ぶ子はいなかった。

中川さんは、下の子を抱っこしていたので、保育者のように子どもと一緒に遊べなかったので、ありがたいと思った。そして、子どもたちを叱るだけではなく、このような方法があるのか、と感心した。保育者は、子どもたちが好きな遊びを続けながら、安全を保つ方法をよく知っているのだなと感じて、自分の子育てにも活かしていけたら……と思った。

砂場では、園に通う5歳児たちがスコップをもって砂場遊びをしていた。5歳児たちが、鍋の中にスコップで砂を入れ、水を入れてかきまぜ、皿に盛り、"カレーライス"を食べるふりをしているのを、健ちゃんはじっと見つめている。健ちゃんは、5歳児たちの真似をして、同じスコップを手に持ち、おそるおそる砂に触ってみた。園児たちは、じっとみている健ちゃんに気づくと、「食べる？」と"カレーライス"を持ってきてくれたが、健ちゃんは緊張して硬くなってしまった。しかし、園児たちが、「これが使いたいの？」と鍋や皿を道具箱からもってきてくれると、健ちゃんは笑顔になって、手を伸ばした。

中川さんは、年上の子どもたちの遊びに刺激されて、健ちゃんが初めて砂や泥に触れて遊ぶことができてうれしく思った。また、健ちゃんに優しくしてくれた子どもたちのように、いずれ健ちゃんも、保育所か幼稚園に入園して、こ

134

第10章　地域の保護者への支援

んな風に楽しく遊びながら年下の子に優しくできるような子に成長できたら素敵だなという思いが浮かんだ。

　帰る時間になり，中川さんが，健ちゃんに帰ることを伝えた時，普段の健ちゃんは「はい」と言ってすぐについてくるのに，この日は，「まだ遊びたい，帰りたくない」と涙をこぼしながら訴えてきた。中川さんは，はっとして「たくさん友達と遊べて楽しかったね，また来ようね」と言った。中川さんは，健ちゃんが自分の本当の気持ちを出せたような気がして，嬉しかった。

　園の門を出る時，最初に「ゆっくりで大丈夫よ」と声をかけてくれた保育者が「いろいろ遊べていたね，またね」と見送ってくれた。他の母親たちが「園長先生，さようなら」と言っているのを聞いて，中川さんは，この保育者が，園長先生なのだということに気づいた。中川さんは，園長先生の優しさや，子どもをよく見てくれている暖かさを感じて，初めて来た園ではあったが，園への信頼感や親しみを感じ始めていた。この保育所では，来月，園児たちの運動会があり，未就園児も参加できる競技があるということだったので，ぜひ参加してみたいと思った。

　母親たちと話をしていた時，中川さんは，地域のほかの園でも，園庭開放や行事へ参加できる日があることを知った。中川さんは，健ちゃんが楽しめる場所，成長できる環境を，いろいろな機会を活かして探していきたいと思い始めている。

（4）　事例の考察

　この事例の中川さんは，第二子の妊娠があまり順調ではなく，第一子の子育てを手伝ってくれる人も身近にいない状況であった。このように，孤立した状況で子育てをしている保護者は多い。また，中川さんが，6カ月の乳児と2歳の健ちゃんを同時に連れて出かけられる安心な場所を求めていたように，（家の外で出会いを求めようとしても）乳幼児と一緒に外出することは，さまざまな困難を伴うため，気軽にはでかけられないことが多い。

　保護者がそのような思いをしながら，出かけた先である保育所では，保育者

はどのような態度で親子を迎えるべきだろうか。この事例では，保育者が，園庭の隅で孤立している親子に目配りして，親子を優しく受け入れていた。さらに，子ども同士の遊びの援助を通して，子どもとの関わり方のモデルを親たちに示していた。

　このような保育者の援助もあり，最初は緊張していたが次第にのびのび遊べるようになった健ちゃんは，初めて同年齢の子や年上の園児と触れ合ったり，初めて砂に触ったりして，普段よりも素直な思いをだしていた。このように，園では，子どもたちは家ではできない経験をし，家とは違う姿を見せることがある。それは，子どもの育ちにつながっていくだろう。

　中川さんは，健ちゃんが遊ぶ姿を通して，さまざまな年齢の子どもたちに触れ，〇歳頃にはこのようなことができる／できないということや，園での集団生活はどのようなものなのか，という育ちの見通しを持ち始めていた。このように，本で知る子どもの発達だけではなく，多様な育ちの事例を見ることは子育て不安を低減し，楽しめるようになることにつながっていく。

　中川さんは，月2回行われている保育所の園庭開放を利用することで，保育者への，園への信頼感を抱き始めていた。今後繰り返し通うことで，保護者にとっては何かあった時身近に気軽に出かけられる場所としてだけでなく，相談できる場所，何かあったら頼れる場所として認識されるようになっていくだろう。また，繰り返し園に通うようになることで，保護者同士の人間関係が広くなり，子育ての情報交換が活発になるだろう。これらのことが，親子の生活を支えていくと考えられる。

2　子育て広場を利用する親子への関わり

（1）　事例のねらい

　「地域子育て支援拠点事業」では，保育者は，週3～5日実施される「子育て広場」を支援の核としながら，さまざまな福祉機関と連携し，深刻な子育て不安を抱えている地域の保護者を支え，子どもを守っている。さまざまな課題

第10章　地域の保護者への支援

を抱えている親子にとって子育て広場が，安心でき，生活の一部として繰り返し通いたくなる「居場所」となるためには，どのような保育者の関わりが必要になるか想像してみてほしい。また，子育て広場がそのような親子の居場所となるにつれ，保育者がとれる支援方法の幅が広がっていくが，その方法にはどのようなものがあるのか考えてみてほしい。さらに，保育者が他機関と連携して支援する方法にはどのようなものがあるか，関心を持ってほしい。

（2）　事例の概要

　川田さんと由紀ちゃん（現在8カ月）は，6カ月健診の時に出会った保健所の保健師からのすすめで，子育て広場に初来所した。川田さんは，精神的に不安定で夜眠ることができず，体力的にも精神的にも，子どもと遊んだり，食事を与えたり，という日々の生活が辛く，子どもを叩いたり，無視したりしてしまいそうになっていた。夫は，仕事が忙しくて子育てに関わることはなく，子育ての大変さを理解してくれなかった。また，実家の親は病気を患っており，頼ることはできなかった。川田さんは，広場への来所までに，由紀ちゃんを出産した助産院の助産師や，乳幼児全戸訪問事業や乳幼児健診で出会った保健師などから支援を受けてきたが，もともと自分自身への自己肯定感が低く，子育てに関しても自信を無くしたままであり，自分自身の心理的問題や，由紀ちゃんと向き合うにはほど遠い心境にあった。

（3）　事例の展開

　川田さんは，由紀ちゃんを連れて，子育て広場に初来所した。表情は暗く，部屋の隅に座って，由紀ちゃんを膝に乗せて，周りには背を向けていた。保育者が，「こんにちは，よく来てくれたわね」と声をかけると，川田さんは保育者の方を向いて，「もう，保健師さんからきいていると思うんですけど……」と，少しずつ自分がここへ来た事情を話した。川田さんは，夜にどうしても精神的な不安が襲ってきて眠れなくなること，子どもが食事を食べてくれなくてイライラしてしまうこと，夫が理解を示してくれないこと，実家の親は病気で

137

頼れないこと……等，いろいろな話をした。そして，最後に，「子どもを叩い
てしまいそうになるんです。そんな時は，叩かないように布団に潜り込んで泣
いています。これってネグレクトですよね，私はダメな母親ですよね」と話し
た。保育者は，川田さんの話をよく聞き，「今日来てくれてありがとう。川田
さんがこの広場に来たり，私たちと話をすることで，少しでも楽になったら嬉
しいな。ぜひ，また広場に来てほしいな」と伝えた。川田さんは，"また来て
ほしい"といわれて，少しほっとしたような，不思議に思うような，複雑な表
情をしていた。川田さんは，今までさまざまな福祉機関の援助を受けてきたが，
その機関の人たちの中に「また来てね」「来てくれてありがとう」とはっきり
言ってくれた人の顔は思いつかなかった。

　1週間後，川田さんと由紀ちゃんが，再び朝9時の開所と同時に子育て広場
に来所した。保育者はすぐに気づいて「川田さんと由紀ちゃん，また来てくれ
たのね！　ありがとう！」と声をかけた。川田さんは，保育者が，名前を憶え
てくれていたことで，少し表情が明るくなった。そして，声をかけてくれた保
育者のそばに行って，一週間，どのように過ごしてきたのか，話を始めた。や
はり，夜は一睡もできずにいること，眠れないまま朝がきて，そのまま支度を
して子育て広場に来たこと，体がつらい状態で朝ごはんを作っても由紀ちゃん
は食べてくれずイライラしてしまうこと，由紀ちゃんは一人遊びをあまりしな
いのでいつも川田さんのそばから離れずにいて疲れてしまうこと，由紀ちゃん
はお昼寝をあまりしないので川田さんが体を休められないこと……等であった。

　保育者は，話を聞き，「体が休まらないのはとても辛いね。もし川田さんが
よければ，広場で少しの時間だけど由紀ちゃんを"一時預かり"してあげられ
るよ。その間，少し子どもと離れて休んでくることもできるよ」と伝えた。川
田さんは，「そうしてみたい」と嬉しそうに言った。そして，保育者は「もし
よかったら，こんど広場に来るときに，食事コーナーで，川田さんと由紀ちゃ
んと私で一緒にお昼ご飯を食べてみない？　雰囲気が変わったら，由紀ちゃん
も食べるかもしれないし，食事のことでいいアイデアがないか一緒に考えられ
るかも……」と伝えた。川田さんは頷いた。この日は，だんだんと来所者が増

えてきて，川田さんは人が多いところが苦手ということで，帰宅していった。

　次の日，川田さんと由紀ちゃんは，朝9時に来所した。保育者は，「今日は体の具合はどう？」「やっぱり眠れなかったかな……？」と川田さんを気遣った。川田さんは「今日も眠れなかったけど……，お弁当を持ってきました」と言った。保育者が「ありがとう，後で一緒に食べましょう」というと少し笑顔を見せた。保育者は，前回の約束通り，由紀ちゃんを一時預かりすることにし，川田さんは一人で喫茶店にお茶を飲みに行った。川田さんは，約束の時間に帰ってくると，保育者に泣きながら抱っこされている由紀ちゃんを受け取り，抱きしめた。お昼になり，保育者と川田さんと由紀ちゃんは食事コーナーで一緒にお昼を食べた。由紀ちゃんは食が細く，やはりあまり食べることはなかった。しかし，川田さんの持ってきたお弁当は手作りで，野菜や果物も入っており，栄養バランスが良く考えられているものだった。保育者がそのことを褒めると，川田さんは「由紀ちゃんが食べてくれなくても，そうやって言ってくれる人がいるだけで，なんだかよかった。また明日も一緒に食べてもいいですか」と言った。そして，やはり人が多くなる午後の時間帯になる前に，帰宅していった。

　このあと，1カ月以上，川田さんは毎日朝9時に来所し，昼ごはんを保育者と一緒に食べて，人が多くなると帰ることが続いた。その間，川田さんの悩みである，由紀ちゃんがあまり食べないことや，不安で夜眠れないこと，夫への不満は簡単には解決しなかった。しかし，毎日スタッフと会い，時々は一時預かりをしてもらい，昼を一緒に食べることで，自分を受け入れてもらえる場所があることを感じることができるようになってきた。そして，由紀ちゃんは，毎日9時に子育て広場に来所し，12時には昼ごはんを食べる，という生活リズムが整ってきたこと，広場で遊び沢山の刺激を受けたことで，家に帰ると昼寝を長くするようになっていった。そのことで，川田さんも家で少しほっとする時間が持てるようになっていった。

　川田さんは信頼している保育者とのみ話をして，来所者が増えると帰るという日々を送っていたが，毎日通ううちに，だんだんと他の来所者とも話ができ

第Ⅲ部　事例で見る保育者の子育て支援

るようになっていった。川田さんがトイレに行きたくなった時，常連の母親である松島さんが「由紀ちゃんを見ていましょうか？」と声をかけてくれたことがあった。このことがあってから，松島さんがトイレに行きたい時には，川田さんが松島さんの子どもを見ていてあげる，というような交流が自然に起きるようになっていった。川田さんは，由紀ちゃんをトイレのベビーキープに入れると泣いて暴れてしまうことがあるので心配だったし，抱っこしたまま用を足すことは難しいので，松島さんの申し出がとてもありがたかった。

　川田さんは，広場に来所し始めた頃は，広場で由紀ちゃんに抱っこをせがまれると，思わず「あっちへ行って」と押しのけていた。しかし，川田さんは，他の親たちが，子どもが夢中になる玩具を与えたり子ども同士で遊ばせている間に，自分たちは広場においてある育児書を読んだり，親同士で話をしたりして，上手に大人のための時間を確保している様子を見て，はっとした。川田さんに，由紀ちゃんくらいの年頃の子がどんな玩具に興味を持つのか，由紀ちゃんが好きな玩具はどんなものか知りたい，学びたい，という思いが生まれてきていた。

　この頃には，川田さんは，以前と違い，少しずつ長く子育て広場にいることができるようになってきた。そして，川田さんは，保育者に「私自身は人が多いの苦手なんですけど……由紀ちゃんのためには，いろいろな玩具で遊べたり，他の子どもと遊べたりするのは楽しいことなのかなって」と言うようになっていった。保育者は，川田さんが，自然と子どものことを思って行動できるようになってきていることを感じ，「そんな風に思えるあなたは，とても素敵ね」と伝えると，川田さんは，はっとして少し恥ずかしそうに笑っていた。

　川田さんの初来所から数カ月経ったある日，川田さんは，保育者に「できれば，精神的な悩みの相談ができる所に行ってみたい。そういう所に行くのは，弱い人や問題のある母親だけだと思って嫌だったけど，やっぱり自分には必要な気がする」という相談をした。保育者は，川田さんが，少しずつ夜眠れない不安の原因や，夫との関係に向き合う気持ちになることができたことを嬉しく思った。そして，川田さんに，市が行っている精神保健相談室を紹介し，子ど

140

もを預かることもできること，不安だったら保育者の方で予約をしたり，相談の場所まで同行したりすることもできることを伝えた。川田さんは，真剣に耳を傾けていた。

（4）　事例の考察

川田さんは，子育て広場の保育者に，子育て広場に来所するまでに出会ったさまざまな福祉機関の専門家よりも，親しみやすさ，話しやすさを感じているようだった。保育者が，川田さんを受け止めてくれることで，少しずつ自分自身の本音で話ができるようになっていったようである。

そのような会話の中から，保育者は，川田さんに合う支援を考え，一時預かりや，食事を一緒にとることなどを提案していった。川田さんは，その提案を受け入れ，ほぼ毎日子育て広場に通ってきてくれるようになっていった。川田さんと由紀ちゃんが，子育て広場に継続的に通うようになることで，保育者にとっても親子にとっても，重要な変化がみられた。

保育者にとっては，第1に川田さんと由紀ちゃんの関係性を深く見られるようになったことが挙げられる。例えば，親子の間に愛着関係が形成されているか，由紀ちゃんが川田さんを恐れるような様子はないか，不審なケガをしていないか，などを毎日確認することが可能となった。事例では，川田さんが由紀ちゃんを虐待している様子は見られなかったが，そのような兆候が見られた時には，より早急な他機関との連携が必要になることもある。

第2に，保育者は，親子の生活リズム（夜眠れたか，朝何時に起きて広場にでかけたか，食事の内容，由紀ちゃんの昼寝の有無や時間など）をより詳細に知ることができるようになった。その中で，川田さんの精神的な不安からくる不眠が続いていることを把握する一方で，川田さんが眠くても食事を手造りし，栄養バランスを考えていることなど肯定的な面を見出して，川田さんの自信につなげることもできた。

川田さんにとっては，第1に，広場を生活の一部にすることで，親子の生活リズムに変化をもたらすことができた。川田さんは，広場の人が少ない時間帯

第Ⅲ部　事例で見る保育者の子育て支援

である朝一番に出かけようとすることで，毎日朝早く起きることに張り合いがもてるようになった。また，毎日の食事作りにも張り合いがもてるようになっていったと考えられる。さらに，由紀ちゃんは，広場でよく遊び，帰ってから疲れて昼寝を長くするようになり，川田さんも休める時間が増えていった。

　第2に，保育者との関わりの中で，自分を受け入れてくれる人の存在を感じることができ，自己肯定感を得ることができるようになっていった。そのことが，最初は保育者とだけ築いていた関係を，徐々に周りの来所者へと広げていったことにつながったといえるだろう。周囲の親子の遊び方を見て，取り入れようとしたり，他の親子が自分にしてくれたように，お互いに助け合おうとしたりする様子が見られるようになっていった。そのことが，少しずつ川田さんの自信につながり，「子どものため」を思う余裕につながっていったといえる。最後には，自分自身の精神的不安の理由と向き合う力を得て，自分から助けを求め，治療したい，という思いを抱いている。

　通常，虐待に通じるほどの子育て不安を抱えている親子関係の問題は，親の成育歴や，病歴，夫婦関係等に起因することが多く，急には明確にならず，すぐに解決できるものではないことが多い。そのため子育て広場では，保育者は，まず，通ってきてくれる親子を肯定的に受け止め，親子が継続的に通ってきてくれるように促すことで，親子の生活の細かい所まで把握し，生活を支える援助を行っている。また，親子が抱えている問題が何か，会話や日々の親子関係を観察することで詳細に把握しようとしている。そして，親自身が，自分の問題を意識し，自分から解決に向けて動きたいという思いを持ち，そのために具体的に行動できるまで，子どもの安全を確認しながら，寄り添いながら待つという姿勢を持っている。そのことが，実は親子関係の改善の近道になることが多いのである。

3　本章のまとめ

　本章では，「保育所保育指針」に示されている地域の保護者支援の例と，地

第10章　地域の保護者への支援

域子育て支援拠点事業の例を２つ示した。前者と後者では，支援の対象や支援方法が大きく異なるように感じられたかもしれない。前者よりも，後者の支援対象の方が，より深刻な子育ての課題を抱えていることがある。また，前者が保護者の子育て生活のアクセントとして機能しているのに対して，後者は保護者の子育て生活により深く長く関わっている様子がうかがえたであろう。

　また，在園児の保護者支援との違いも感じたかもしれない。例えば，在園児の保護者とは違い，繰り返しその保護者と子どもと会えるかどうかは，地域の保護者が再び来園したい，来所したいと思ってくれるかどうかにかかっている。つまり，保育者と保護者の信頼関係づくりがより重要となっているといえるだろう。また，保育者の心情として，子どものケアを優先的に行いたい場面であっても，まずは保護者の支援から始めることが子どもの幸せへの近道である場合もある。保護者の支援のためには，他の福祉機関や医療機関と連携する必要性も高くなっている。それらを見極める力を養うためには，保育者の基本的な能力に加えて，より専門的なカウンセリング能力や，ソーシャルワークの力が必要となってくる可能性がある。

　しかしながら，保育者としての基本的な能力が，支援の核になっていることも忘れてはいけない。どちらの事例でも，例えば，子どもの発達を理解し，子どもの視点から子どもの行動を理解する「子ども理解」の能力，そして子どもとの遊び方や関わり方を保護者らに「教える」のではなく「モデル」となって示す指導方法，集団保育の場で保護者と協力しながら子ども同士の育ちを促すこと，などは，保育者としての基本的な力が活かされていた。

　保育者としてさらに身に着けたい能力は何か，また，保育者の能力を活かして親子の生活の一部に寄り添うことで，地域の保護者と子どもに与えられるよい影響にはどのようなものがあるのか，関心を持ち続けてほしいと思う。

第Ⅲ部　事例で見る保育者の子育て支援

─── さらに考えてみよう ───

① 　園の環境を活かした保護者支援の方法には，事例で示した方法以外
　にもさまざまなものがある。地域の園での取り組みを調べてみよう。

② 　「地域子育て支援拠点事業」が成立した背景や歴史について調べて
　みることで，「子育て広場」が注目される理由，ここに期待されてい
　る役割は何かを考えてみよう。そして，事例で示した方法以外にも，
　どのような支援方法があるか，地域の子育て広場を調べてみよう。

参考文献

小川晶『保育所における母親への支援──子育て支援をになう視点・方法分析』学文社，
　2014年。

松木洋人『子育て支援の社会学──社会化のジレンマと家族の変容』新泉社，2013年。

松永愛子『地域子育て支援センターのエスノグラフィー──親子の居場所創出の可能
　性』風間書房，2012年。

松永愛子「子育て広場における乳児の対人関係の特徴：模倣に含まれる両義的体験が促
　す自己形成」『目白大学総合科学研究』13，2017年，69-82頁。

<table>
<tr><td>第11章</td><td>障害・発達上の課題のある子どもと
その保護者への支援</td></tr>
</table>

--- 学びのポイント ---

　本章では，障害のある子ども及びその家庭に対する支援について学ぶ。

　発達上の支援を要する子どもの理解と保育実践の工夫は，保護者との信頼関係づくりの基盤となる。個別の援助やクラスの保育の工夫，年間を通した保育実践の積み重ねについて検討しよう。子どもの発達の状態や心配を保護者と共有する時には，保護者の不安や悩みに寄り添い，保護者の心境によく配慮しながら，タイミングや言葉を選び進めることが必要である。保育の工夫と保護者の支援の過程で大事なポイントとなる，園内での情報共有，専門機関との連携や PDCA サイクルの活用についても検討しよう。

　① 障害や発達上の課題を持つ子どもの個別援助やクラスの保育の工夫。

　② 障害や発達上の課題を持つ子どもの保護者との信頼関係づくりと支援。

　③ 保育者の立場からの専門機関，自治体，小学校等との連携。

1　配慮が必要な子どもへの保育と保護者支援

（1）　事例のねらい

　事例では，保育者と保護者とが協力しながら，子どもの特性に合った配慮をしていくプロセスについて学ぶ。

　まず，育てづらさを感じながら子どもを育てる保護者の思いや葛藤に気づき，保護者と信頼関係を築くことの大切さを感じとってほしい。また，子どもの様子を共有し，保育上の手立てを講じていくための，保護者や職員間，関係機関との連携の仕方，具体的な保育上の工夫についても検討したい。

145

第Ⅲ部　事例で見る保育者の子育て支援

（2）　事例の概要

　サトシくんは，年中クラスの4歳の男の子。父親（38歳）と母親（36歳）と3人で暮らしている。

　サトシくんは，この4月に入園した。入園前は，家庭で主に母親が養育していたが，園の一時保育や園庭開放を利用したこともある。

　園でのサトシくんは，とても活発で好奇心旺盛である。おしゃべり好きで，思いついたことをたくさん話す。とても豊かな感性で，細やかな気づきをもつこともできる。行動はせわしなく，着席して話を聞くことが難しい。座っていても，身体をもぞもぞと動かしている。特に園行事の時には，落ち着きのない言動が目立って見える。身支度などは自分で行う力があるが，周りに気を取られてなかなか進まない。友達との関係では，一緒に遊びを楽しむ様子も見られる一方，友達を叩く，物を投げるといった行動も見られる。

　母親は，園に迎えに来ると「今日はお友達を怪我させませんでしたか？」「いつもご迷惑をおかけしてすみません」と度々口にし，少し疲れているように見えた。

（3）　事例の展開

　サトシくんは，入園当初から人見知りすることなくクラスの友達によく話しかけ，よく遊んだ。クラス活動にも積極的に参加している。しかし，朝の会で担任が話をしている時など，思いついたことをすぐに口にするため，クラスの友達からは「言わないで」「うるさい」と言われることが増えていた。担任は，「先生のお話が終わったら聞くね」と伝え，待っていられた時には，「待っていてくれてありがとう」と伝えて話を聞くようにした。豊かな発想力を発揮する時には「素敵なアイディアだね！」などと言葉かけをした。活動中の離席や，友達に対して手が出ることも度々みられたことから，担任はできるだけサトシくんに声をかけやすい位置にいるように心がけた。また，気が散りやすい様子もみられたことから，部屋の掲示物の場所や，サトシくんの座る位置などを工夫し，活動に集中しやすい環境を整えていった。

第11章　障害・発達上の課題のある子どもとその保護者への支援

　しかし担任は，サトシくんをどのように理解し関わることが適切か，悩むこともあった。そこで，以前からサトシくんを知っている園庭開放や一時保育の担当職員に当時の様子を聞いた。それによると，人数が多い時や大きな部屋では落ち着きのなさが目立ったが，1対1での関わりや，比較的狭い空間での活動ではじっくりと物事に取り組むこともできていたとのことであった。

　また母親の様子については，非常に疲れている印象を持ったとのことであった。園庭開放の場で，母親は動き回るサトシくんを追いかけ，子ども同士で遊具の取り合いになると必死に謝っていたという。そのため園庭開放担当の職員は，サトシくん親子を気にかけ，少しでも楽しく遊んで帰ってもらえるよう見守っていたとのことであった。

　担任もまた，母親の疲れた様子や，いつも謝る姿が気になっていた。しかし，入園したばかりで関係性もできていなかったことから，まずは笑顔で挨拶や声かけをし，母親の張り詰めた緊張感が少しでも和らぐよう心がけた。サトシくんの園での様子を伝える時には，園での生活にも徐々に慣れてきたこと，自分のことは自分でできること，発想力が豊かなことなど，サトシくんの持っている力をできるだけ丁寧に伝えるようにした。

　一方で，友達とのトラブルについて伝える際には，状況を丁寧に伝えると同時に，サトシくんの気持ちを汲み取って伝えるようにした。そして，経験が学びにつながるよう保育していきたいと考えていることを伝えた。母親は「すみません，ご迷惑をおかけして」と申し訳なさそうに謝るばかりだった。

　担任は，サトシくんのことをもっと知って保育の参考にしたいと，家での様子や好きなことなどを母親に聞いた。家ではブロックや工作が好きなことを教えてくれた。母親は，送迎時に徐々に笑顔を見せるようになり，家庭での子育ての苦労も少しずつ話すようになっていった。担任は，その苦労を具体的に聞いて分かち合い，ねぎらったりした。また，父親の仕事が忙しく，子育てを母親一人で担わざるを得ない大変さも語られるようになっていった。担任は，サトシくんの育ちを共に支えていきたいと思っていることを伝え，サトシくんのもつ力が発揮できるよう園で配慮している工夫についても伝えていった。

147

第Ⅲ部　事例で見る保育者の子育て支援

　秋にさしかかった頃，園では運動会の練習が始まった。やる気満々のサトシくんだったが，新しい活動に気持ちが高まり，心も体も落ち着かなかった。運動会では，他のクラスの出番に出て行ったり，待機場所で待つことができずに動き回っていた。それを見た母親の表情は曇り，落ち込んでいるように見えた。後日，担任は母親から，サトシくんのことで相談したいと声をかけられた。担任は，「ではゆっくりお話を伺いたいので，ご都合のよい日に面談をしましょうか」と提案した。母親は「お願いします」と了解した。

　面談の日，母親は伏し目がちな様子で現れた。今回の面談は，母親からの申し出によるものであったため，担任はまずはじっくり話を聞くことを心がけた。担任が「どうされましたか？」と聞くと，運動会の様子を見てショックを受けたことが語られた。また，そのことで父親から「どうなってるんだ。なんで他の子と同じようにできないんだ」と責められたことなど，涙ながらに話された。

　担任がゆっくりと話を聞いていくと，実は歩き始めた頃から動きが多く，迷子になりかけたことも多々あること，公園に行くとお友達とトラブルになることが多く母親は謝ってばかりで辛かったこと，自分の育て方が悪かったのかと自問自答する日々だったことが語られた。そして，公園からは足が遠のいたこと，集団に入るとトラブルになるので入園はできるだけ遅くしようと思っていたことが語られた。

　担任は，「これまで辛い思いをされながら，一生懸命サトシくんを育てていらしたのですね」と母親の気持ちを慮った。そして，担任の目から見て，サトシくんも困っているように見えることを伝え，「サトシくんにとってよい方法を一緒に考えていきましょう」と伝えた。担任は，サトシくんの特性に合わせた保育の工夫をするために，発達の専門家の巡回相談を活用したいと考えていることを伝えた。母親が了解してくれたため，巡回相談を依頼した。

　巡回相談では，サトシくんの多動や衝動性の高さ，注意の移りやすさを踏まえ，保育の中での工夫を助言してもらった。そして，その助言を母親とも共有し，家庭の中での工夫も共に話し合った。

　担任は母親に，これまで家庭でどのような工夫をされてきたか話を聞いた。

母親は，「子どもの良い所は伸ばしてあげたい，認めたいと思ってやってきました」と話した。担任が「お母さんから見て，サトシくんの良い所ってどんなところですか？」と聞くと，母親は「優しいんです」「ついお友達に手が出たりはするのですが，私が風邪をひいたら心配してくれたり，手伝ってくれたり」と答えた。担任は「そういった優しい姿があるんですね」と言い，続けて「園でも，お友達が困っているとすぐにかけつけてくれたり，手伝ってくれたりするんですよ。優しいお子さんに育っていますね」と伝えた。

　担任は，母親の言葉を踏まえて保育を行っていた。サトシくんをよく観察していると，目から入る情報量が多いのか気が散る面もあるが，実に周りの友達の様子をよく見ていることに気づいた。泣いている子どもがいると，「大丈夫？」とすぐに声をかけてあげる。担任が荷物を持っていると一緒に持ってくれ，「手伝ってくれて助かった，ありがとう」と伝えると照れくさそうに笑った。人に喜ばれ，必要とされる喜びを感じているようだった。

　また，巡回相談での助言を参考に保育の工夫を施してみた。まず，視覚的な手がかりを使って活動の見通しがもてるようにした。朝の会では，一日の流れをホワイトボードに絵や文字で書いた。また，新しい活動をするときは特に，段取りを書くようにした。すると，書かれたものを見て自ら気づいて行動を修正したり待てる場面が出てきた。一つ一つの活動のスパンを短くすることで，飽きずに活動に取り組めることも増えた。さらに，待つ時間が長くなりそうなときには手伝いなどの活動を用意することで，役に立ちながら集団に位置づいていられるようになった。

　サトシくんを見る視点を広げ，適切な工夫を施し，さらに職員間で工夫を共有したことで，サトシくんの持っている力が発揮されていった。

　3学期には，クラスの友達同士の結びつきも強くなってきていた。サトシくんは，ブロックや工作でアイデアの豊かさを発揮し，遊びの中心になることも増えていた。一方，思うようにいかないことがあると衝動的に手が出る行動もまだ見られた。担任は，サトシくんの思いを汲み取り代弁しながらも，相手の子どもの思いや痛みも丁寧に聴き，友達との関係の橋渡しをした。しかし，感

第Ⅲ部　事例で見る保育者の子育て支援

情をコントロールし自分の思いを言葉にすることは簡単ではない。担任は，「困った時は私の所に言いに来ていいんだよ」と伝えた。

　担任と母親は，定期的に面談を持つようにした。保育の工夫と家庭での様子を互いに振り返りながら情報交換をし，有益な方法を互いに取り入れることができるようになっていた。しかし，年長クラスへの進級を控え，さらには就学を見据え，母親は不安を募らせてもいた。母親は「来年度は担任の先生も変わるかもしれないし，小学校に入ったらさらにどうなるのかと考えると，心配です」と漏らした。担任は，「サトシくんにとって良い環境を整えられるように，園内でしっかり引き継ぎます。就学後のご心配もありますよね。一緒に考えていきましょう」と伝えた。そして，「サトシくんにより合った対応を考えていけるよう，一度，児童発達支援センターにご相談されてみてはいかがでしょうか」と提案した。母親は「父親とも相談してみます」と答えた。

　担任は，保育の中で施した工夫とその経過を日々記録していった。そして時折それを見返し，さらなる改善の手がかりとした。また，園内の保育カンファレンスで検討してもらい，新たな視点での助言をもらうこともできた。それらは学期ごとにまとめられ，年度末にはサトシくんの成長と援助についてまとめた保育記録が次年度の担任へと引き継がれ，保育に活用されることとなった。

（4）　事例の考察

1）保護者との相互理解と信頼関係の構築

　1学期，担任は毎日の送迎時に母親と積極的にコミュニケーションを取り，関係性を築いていこうとしている。子どものためにできることを共に見出していけるよう，信頼関係という土台作りを丁寧に行うことは必要不可欠である。そのためには，子どもの様子を丁寧に観察し，保育の中で子どもの力を引き出し，それを保護者に伝えて共有していくことが大切である。また，保護者から見た子どもの姿，子どもへの思いを聞くことも，子どもを真ん中に置いた相互理解につながっていく。

　2学期には，信頼関係を基盤にして保護者が相談を持ちかけてきている。担

任ができることは，まずはじっくりと話を聞くことである。その際，必要に応じて面談を設定するなど，じっくりと話ができる時間と場所を確保することも配慮の一つである。事例では，これまでの子育てにおける苦悩や自責が語られている。話しても否定されないと思えたとき，こうした状況が語られる。

3学期には，母親の方から進級や進学への不安を言葉にしている。1年を通して，不安を安心して発信できる信頼関係が構築されてきたことが読み取れる。

2）保護者のニーズへの気づきと多面的な理解

子どもやその家族が置かれている状況を踏まえ，抱えている困難を理解していくと，保育者として担いうる役割が見えてくる。

事例において母親は，父親の多忙により子育てを1人で担わざるを得ない現状を語っている。仕事や家事に加え，活発に動き回る子どもを1人で見なければならない身体的な負担，またそうした日々の大変さを分かち合う相手がいないことへの心理的な負担も推察される。成長の喜びや感動も含めて，保護者の思いを保育者が共に分かち合うことができたなら，保護者の心に余裕が生まれ，保護者の子どもに対する見方も少しずつ変わっていく可能性がある。

3）職員間の連携・関係機関との連携

子どもや保護者を理解しようとする時には，職員間の情報共有も役に立つ。事例では，親子が入園前に利用していた園庭開放や一時保育担当職員に話を聞いている。それぞれの場面で捉えた親子の姿，関わりの工夫が，親子を多面的に理解する手がかりとなる。

また園にはさまざまな職員が関わっていることを踏まえ，保育上の工夫を共有したり，また気づきがあれば知らせてもらうなど連携・協働することで，子どもにとって有益な環境を整えることができる。事例では保育カンファレンスを設けていた。担任も，そうした職員間の連携協働に支えられる。また園全体で子どもを見ている姿勢が，子ども・保護者にとっての安心につながる。

事例のように，園への巡回相談を利用できる自治体も多い。保護者と保育者の信頼関係のもと課題を共有する中で，こうしたサービスを利用し，園での保育と家庭での子育てに役立てていくこともできる。また必要に応じて，事例の

第Ⅲ部　事例で見る保育者の子育て支援

ように児童発達支援センター等の専門機関への相談を勧めることがある。ただ
しそれは，保護者が担任に信頼を寄せ，相談できるようになったプロセスを経
ているということに留意したい。専門機関への相談は，さまざまな葛藤も生じ
させうる。保育者は，家族の葛藤に寄り添い，子どもと保護者をどちらも大事
にしながら，家族の思い，判断を尊重する姿勢も大事にしたい。

4）保育の工夫

　事例のサトシくんは，1学期にはクラスの友達から否定的な言葉を投げかけ
られることもあった。それに対し担任は，サトシくんの肯定的な面に注目し，
それを拾いあげて認める言葉かけをしている。こうした関わりは，サトシくん
の自己肯定感を高めるだけでなく，子どもたち同士の関係性に肯定的な相互作
用を生み出すことにつながる。担任の関わりは，子どもたちにとってよきモデ
ルとなる。

　物理的な環境設定の工夫もまた，不要な否定的注目を減らすことにつながる。
事例の1学期には，サトシくんが集中して取り組みやすい場所や空間を整え，
3学期にも，生活の中に視覚的手がかりを用いている。これらの工夫は，サト
シくんが充実した経験を積み重ねることにつながり，クラスの子どもたちもま
たサトシくんに肯定的な眼差しを向けることができる。互いに認め合う仲間関
係の育ちにつながる。

　巡回相談や保育カンファレンスも利用しながら，子どもの理解を深め，支援
を計画し（Plan），実行して（Do），振り返って評価し（Check），さらなる改善
策を行う（Action），それを繰り返していくことが支援においては必要となる。
このプロセスを PDCA サイクルという（第7章参照）。

第11章　障害・発達上の課題のある子どもとその保護者への支援

2　保護者との子ども理解の共有と地方自治体・関係機関・専門職との連携・協働

（1）　事例のねらい

　事例では，地方自治体・専門機関・小学校等と連携し，子どもと保護者の支援を進めるプロセスについて学ぶ。

　特に就学を控えての時期は，保護者は，子どもの個性や特性を見つめ直し，子どもに適した就学先について悩むことが多い。一方，子どもの障害や特別支援の必要性について，保護者が受け入れがたく感じている場合もある。

　保育者としては，子どもに合わせた保育の工夫をすることに加え，保護者の気持ちを尊重しながら，発達相談や就学相談等の情報を保護者に提供し，保護者が療育や就学先を検討できるように支援をすることが望まれる。

　保護者の不安に寄り添いながら，地方自治体，専門機関，小学校等との連携し，子どもの個性や発達特性に適した療育や就学先の選択のプロセスを，どうサポートするかについて検討しよう。

（2）　事例の概要

　ムツミさんは，現在5歳児クラスの女児である。日々の保育の流れでは困らないが，いつもと違うことがあると，どうしていいかわからなくなり，困っている様子を見せる。クラス活動では，仲良しの数人で騒ぎすぎ，落ち着いて参加できないことがある。

　ムツミさんは3歳の時に入園した。4歳児クラス時に，他の子どもたちとの違いが目立って捉えられるようになった。担任保育者は，スムーズに行動できず困っているムツミさんの様子を繰り返し保護者に伝え，市の巡回相談の利用を勧めた。しかし，保護者は「心配していません」と応じず，担任と話をするのを避けていた。5歳児クラスになっても，新しい担任も保護者から避けられており，保護者と十分に話し合うことはできていない。

153

第Ⅲ部　事例で見る保育者の子育て支援

（3）　事例の展開

　5歳児クラス担任は，保護者に「市の巡回相談でムツミさんの現在の力を確認してもらうことができます。来年は小学校ですのでいかがですか」と勧めた所，保護者からは今年は巡回相談を受けると返事があった。

　巡回相談では，「理解力が少し弱く注意が移りやすいという特徴がある。それで新しい場面ではどうしたらよいかわかりにくいと考えられる。それで，いつもと違うことがあると戸惑い，それをごまかすようにふざけてしまうことも多いのかもしれません」と伝えられた。巡回相談の数日後，保護者から「どうして私の子だけが色々言われるのですか」と強い抗議があった。

　園では，巡回相談で保護者と問題共有ができていたつもりだったので，この抗議に慌てた。振り返ると，①保護者が子どもの発達についての相談員の所見にショックを受けていること，②相談の前段階で園と保護者との信頼関係や問題意識の共有が不十分だったこと，に思い至った。

　そして，保護者を支え共に子どもを育てるという本来の役割に立ち戻り，巡回相談についての振り返りの面談を行った。そして，①保護者の怒りと不安と悲しみを受け止め，②共に子どもの成長を願っていることを確認，③家庭と園の様子について情報共有し，④セカンドオピニオンとして市の児童発達支援センターで行っている発達相談の利用を提案した。保護者は，早速，発達相談を受けたが，センターでも発達に関する同様の指摘を受けた。

　保護者は怒り悲しみ，園は保護者の思いを受け止める役割に徹した。そして，これをきっかけに保護者との信頼関係も深まり，子どものための環境や関わり工夫について協力していけるようになった。さらに，児童発達支援センターの助言を受け，ムツミさんの個別の支援計画を保護者と協力し作成し，日常の保育に活用していった。

　並行して，小学校就学の就学相談があることを，園から保護者に伝えた。

　保護者は，地方自治体の就学相談説明会に参加し，①子どもの個別性に応じた学びの場の検討が大切であること，②学びの場は多様で，通常のクラスのほか，必要に応じて特別支援学級に通う通級による指導，特別支援学級，特別支

援学校等があること，を知った。地方自治体では小学校の公開授業や特別支援学級や特別支援学校の見学会も行っており，保護者はさまざまな就学先を親子で見学し，どこがムツミさんに合っているかを考えていった。教育委員会から就学先候補についての連絡があったが，保護者は小学校の通常学級か通級による指導にするかを迷い，「就学支援シート」を利用して小学校に相談を申し込み，小学校でムツミさんに配慮してほしいこと等を伝え，納得するまで校長との面談を重ねた。

　園はその時々の保護者の思いを汲み取りつつ，一緒に検討し整理することで，保護者が自ら就学先を決定することを支援した。小学校と園の連携活動としては，小学校からの保育見学と園との情報交流の機会がある。ムツミさんについても小学校の先生に保育の様子などを見てもらうことができた。「保育所児童保育要録」にも，これまでの園での成長，援助や配慮，保護者の意向等を記載し，小学校へ引き継いだ。

（4）　事例の考察

1）子ども及び保護者の状況・状態の把握

　保護者は，保育者から発達に関する心配を否定的な表現で繰り返し伝えられるほど反感が高まり，保護者と保育者の信頼関係がなかなか成立しなかった。

　最終的に，保育者が保護者の心情に寄り添いつつ，ムツミさんのより良い環境を考えるという共通の目的をもって話し合い，保護者と保育者が信頼関係を築き，保育の質を高め，保護者を支えることにつながった。

2）職員間の連携・協働

　保護者と話し合いを進める場合，保護者と対立するのではなく，保護者を支えるという基本方針を園全体で確認した。保護者の支援では，①保護者の思いを共感的に受け止める（主任保育者）と，②子どもの様子を報告し共に喜び合う（担任保育者），③これからの園や家庭での取り組みの方向性を整理する（園長）等，役割を分け協力しながら進めることが，保護者との信頼関係と協働体制の構築に効果的である。

第Ⅲ部　事例で見る保育者の子育て支援

3）社会資源の活用および自治体，関係機関，専門職等との連携・協働

発達や就学に関して相談活動を行う場合は，保護者の混乱を受けとめつつ，意向や情報を整理すること，子どものために何が適切かを考えられるように進めることが大事である。また，発達支援や就学に関する自治体の各部署と連携する。社会資源の利用については，保護者が自ら選択できるように留意する。関係諸機関への個人情報の提供は，保護者の希望や同意のもと，子どもと保護者にとって最善の利益が図られるように，個人情報の守秘義務と業務上の情報共有の両方に配慮し行う必要がある。

就学に向けては，保育所児童保育要録，幼稚園幼児指導要録，幼保連携型認定こども園園児指導要録等の名称で，子どもの在園時の育ちと配慮事項の記録を作成し，小学校等に抄本または写しを送付することが義務づけられている。

3　本章のまとめ

子どもの日々の成長を保護者に伝え，喜びや悲しみを共有する中で信頼関係が築かれ，協力して園や家庭での子どもへの援助の工夫をしたり，関係機関や社会資源の利用につなげたりすることができる。発達相談は，子どもの発達確認，保護者との情報共有，保育コンサルテーションの機会ともなる。また，発達支援や就学支援のためにさまざまなシステムや社会資源がある。

```
──── さらに考えてみよう ────
① 障害のある子どもや家庭が利用できる機関や就学に関する手続きに
  は，どのようなものがあるか。あなたの住んでいる地域の発達支援や
  就学支援のシステムや社会資源を調べてみよう。
② 関係する機関と連携をとる際，子どもやその家庭に対してどのよう
  な配慮が必要となるだろうか。
```

第11章　障害・発達上の課題のある子どもとその保護者への支援

参考文献

赤井美智子・神田久男・春原由紀・萩原秀敏・吉川晴美『子どもの発達と心理臨床』樹村房，1997年。

植木信一編著『保育者が学ぶ家庭支援論　第2版』建帛社，2016年。

小畑文也・鳥海順子・義永睦子編著『Q&A で学ぶ障害児支援のベーシック　2訂版』コレール社，2018年。

小原敏郎・橋本好市・三浦主博編著『演習・保育と保護者への支援――保育相談支援』みらい，2016年。

小原敏郎・神蔵幸子・義永睦子編著『保育・教育実践演習　第2版――保育者に求められる保育実践力』建帛社，2018年。

五味重春・田口恒夫・松村康平監修『幼児の集団指導――新しい療育の実践』日本肢体不自由児協会，1979年。

武藤安子・上原貴夫編著『発達支援――ゆたかな保育実践にむけて』ななみ書房，2007年。

武藤安子・井上果子編著『子どもの心理臨床――関係性を育む』建帛社，2005年。

武藤安子・上原貴夫・高山佳子編著『発達の障害と支援の方法』樹村房，2001年。

文部科学省『幼児理解からの評価』2019年。

文部科学省「幼児理解に基づいた評価（平成31年3月）」2019年（http://www.mext.go.jp/a_menu/shotou/youchien/07121724/1296261.htm）。

吉川晴美編著『共に育つ――人間探求の児童学　補訂版』宣協社，2015年。

第12章	精神障害のある保護者・外国籍である保護者への支援[1]

― 学びのポイント ―

　近年，日本における核家族化，地域のつながりの希薄化，国際化などを背景として，保護者の子育てに関するニーズが多様化し，そのニーズに対応する専門的知識や技術が保育者に求められるようになってきた。例えば，保護者が病気や障害がある場合，外国籍家庭の場合，ひとり親世帯の場合などは，保護者の子育てに関するニーズが複層化されたものとなる。2009（平成21）年4月に施行された「保育所保育指針」及び「保育所保育指針解説」において，「保育士の専門性を生かした保護者支援」の必要性が提示され，その業務に「保育指導」が規定された。また，2017（平成29）年の「保育所保育指針」には「子育て支援」が明記された。

　このことから，保育者には子どもの最善の利益を念頭に置きながら，特別な配慮を要する保護者の複層化するニーズに対応した子育て支援が求められる。具体的には，子どもと保護者の家族と保育所との協働，保護者同士の相互支援，地域にある子育て支援に纏わる社会資源の活用により，保護者が本来有する養育力の醸成や向上が期待される。

　本章では，「精神障害のある保護者」と「外国籍である保護者」の事例を通して，特別な配慮を要する保護者の子育て支援に関する学びのポイントとして，以下の3点を挙げる。

①　特別な配慮を要する保護者の子育てに関するニーズを世帯の観点から理解する。

②　事例における保護者の子育てに関する複層化されたニーズを理解し，そのニーズに対応する保育所や保育者の機能，他の支援機関の機能を学ぶ。

③　事例における保護者への子育て支援を踏まえ，保護者が本来もち得ている子どもの養育力を高める支援について学ぶ。

第12章　精神障害のある保護者・外国籍である保護者への支援

1　精神障害のある保護者への支援

（1）　事例のねらい

　保護者が精神障害のために十分に養育ができないという事由で，保育所を利用する場合がある。事例のねらいは，このような保護者の子育てに関するニーズについて理解し，そのニーズに応じる保育者並びに保育所と他の支援機関の機能について学ぶことにある。

（2）　事例の概要

　昌秀くん（3歳）は母親（24歳）と二人暮らし。元来，母親は几帳面な性格。高校を卒業後，事務職に就くが結婚を機に退職。翌年に昌秀くんを出産するが，同時期に両親を交通事故で亡くす。両親を突然に失くした喪失感や，なれない子育てに対する不安感と焦燥感が募り，感情を夫にぶつけることが多々見られた。そのため夫婦関係も悪化し，昌秀くんが2歳の時に離婚となった。母親は将来に対する不安の高まりとともに，昌秀くんの夜泣きの対応で不眠の生活が続き，抑うつ気分がみられるようになった。母親は昌秀くんの着替えや食事の世話が十分にできなくなり，「自分は母親の資格がない，どうしてよいかわからず，死にたい」と友人に相談した。憔悴した母親の姿をみた友人は医師への相談を勧め，精神科診療所の受診に同席した。その結果，母親は「うつ病」と診断される。今後，通院加療が継続的に必要なことから，生活保護を申請するとともに，「精神障害」のために子どもの保育が困難という理由で，昌秀くんの保育所利用が始まった。

　昌秀くんは他の子どもに比べて発語が少なく，保育所では一人でお絵描きする姿が多くみられた。担当の島田保育士は連絡帳を活用して，母親に昌秀くんの様子を伝えている。ある日，島田保育士が送迎時の母親に声をかけると，「薬を飲むと眠気が強く，昌秀のことが何もできない。だめな母親です」と自分を責める言葉が見られた。母親は精神的不調が続くと，昌秀くんの送迎すら

159

第Ⅲ部　事例で見る保育者の子育て支援

難しいという。島田保育士は，昌秀くんの最善の保育を行うには母親の協力が必要であり，母親の子育てを支援することが昌秀くんの発育や成長によい効果をもたらすと判断した。そこで，島田保育士は保育所所長に昌秀くんと母親の現状について相談したところ，そのことが保育所の全体会議で検討されることになった。

（3）　事例の展開

　昌秀くんの母親の子育て支援に対して，ケースカンファレンスが開催された。参加者は，保育所内の島田保育士，所長，主任保育士，同僚の保育士，看護師，栄養士である。

　まず，昌秀くんに関する情報が共有された。複数の保育士から，保育士の大きな声に昌秀くんが耳に手をあてるしぐさがあるという発言があり，昌秀くんの家庭状況を把握する必要性が共有された。そこで，島田保育士と所長は母親と個別面談を行うことにした。母親は「生活保護を受けているのに，きちんと子育てできないことが辛い。服薬すると眠気が強い。その苛立ちから昌秀に大声をあげてしまうことがあるんです」と言葉にした。その後，母親の子育てに関するニーズが確認され，次の3点が支援内容に列挙された。

①　昌秀くんの理解を身体的・精神的・社会的な側面から包括的に行うこと。
②　昌秀くんにとって，保育所が安心できる安全な場になるように環境を整備すること。
③　母親の病状に配慮した子育て支援を行うこと。

　そこで，保育所所長は母親の同意を得て，関係機関に状況を説明し，昌秀くんと母親の子育て支援についてカンファレンスを行うことにした。

　カンファレンスの参加者は，所長，主任保育士，島田保育士，診療所の精神保健福祉士（以下，PSW），生活保護課のケースワーカー（以下，相談員）であ

る。昌秀くんと母親に関する生活情報が共有され，各々の立場からニーズの抽出とそれに対応する支援計画が立てられた。

　まず，「昌秀くんの理解を身体的・精神的・社会的な側面から包括的に行うこと」に対して，島田保育士と看護師と栄養士が「保育所における昌秀くんの様子を観察し，好きな遊びや関心ごとを把握すること」「昌秀くんの身体的機能等の発育状態を把握し，保育計画を立てること」になった。次に，「母親」の支援に対して，島田保育士と保育所所長・主任保育士が「昌秀くんの保育所の様子を（母親に）連絡帳で共有すること」「昌秀くんの送迎時に，母親に対して声掛けをし，子育ての不安を受容すること」になった。生活保護課の相談員は「市のファミリー・サポート・センター事業を紹介すること」を担当し，母親の病気に関する支援は診療所の医師とPSWが「通院を勧奨し，主治医に薬の副作用を相談すること」「『子育てに悩む親の会』に関する情報を提供すること」になった。

　1カ月が経過し，各々の支援計画に対する進捗状況を共有するため会議がもたれた。参加者は，保育所所長と島田保育士，診療所のPSW，生活保護課の相談員である。

　島田保育士は「保育所における昌秀くんの様子を観察し，好きな遊びや関心ごとを把握すること」という計画を実施した所，昌秀くんはお絵描きが好きで，他の子どもと共同で絵を仕上げる課題では率先してその課題に取り組む姿がみられた。また，保育所の看護師と栄養士が「昌秀くんの身体的機能等の発育状態を把握し，保育計画を立てること」という計画に対して，日々の給食の観察したところ，昌秀くんが3歳時の標準体重を満たさないものの，好き嫌いはなく，いつも給食は完食していた。

　また，島田保育士は「昌秀くんの保育所の様子を（母親と）連絡帳で共有する」という計画に対して，日々の昌秀くんの給食や他の子どもとの交流の様子を母親に伝えてきた。同時に，「昌秀くんの送迎時に，母親に対して声掛けをし，子育ての不安を受容すること」を続けてきた。ある日，島田保育士が母親に昌秀くんのお絵描き好きの情報を伝えると，母親は幼い頃から絵を描いたり

第Ⅲ部　事例で見る保育者の子育て支援

観たりする機会を家庭の中で大切にしてきたことを言葉にした。その際，保育所所長や島田保育士が肯定的な返答をすると，母親から微笑みが見られた。加えて，島田保育士は，子育ての悩みを一人で抱えるのではなく，地域にある子育てに関するサービスを利用することも一つの方法であることを情報提供した。「市のファミリー・サポート・センター事業を紹介すること」を担当した生活保護課の相談員から，その事業の利用により，母親が病状悪化時に昌秀くんの保育所送迎をサポーターに依頼できたり，サポーターから子育ての知恵を教えてもらうことで，母親自身に精神的な余裕がみられるようになったことが報告された。

　そして，診療所のPSWから2つの支援の報告があった。一つは，母親の「通院を勧奨し，主治医に薬の副作用を相談すること」で服薬変更があり，母親から以前のような眠気や焦燥感の訴えがなくなったことである。もう一つは，「『子育てに悩む親の会』に関する情報を提供すること」で，母親は「親の会」の参加に「自分だけが子育てに悩んでいるのではない，誰にでも子育ての悩みがあるんだ」と気づき，他の保護者がもつ子育ての知恵を昌秀くんの子育てにも応用する姿があり，「自分なりに子育てを頑張っていると思えるようになった」とPSWに述べていたことである。

　以上のように，昌秀くんと母親は，保育所の多職種チームによる昌秀くんの養育支援，保育士や同様の悩みをもつ「親の会」のメンバーによる母親の情緒的支援と情報的支援，サポーターによる送迎等の手段的支援，「うつ病」に関する医療的支援を包括的に利用することで，母親の複層化する子育てに対する不安が軽減し，次第に精神症状が安定するとともに，昌秀くんに対して大声をあげることもなくなった。それにより，昌秀くんは保育士の大声に過剰に反応しなくなった。母親が保育所の送迎や日々の世話，昌秀くんとのお絵描きなどの養育が可能になるに伴い，昌秀くんも他の子どもたちとの交流が活発になるとともに，発語も増え，体重も3歳児の平均体重になった。

第12章　精神障害のある保護者・外国籍である保護者への支援

（4）　事例の考察

　事例は，精神障害のために子育てに不全感を抱く母親に対して，保育者が精神障害に配慮するとともに，「母親」役割を遂行する包括的な支援を行った事例である。事例を通して，精神障害のある保護者の養育力の向上を目指した保育者の子育て支援のポイントとして，以下の3点がある。

1）「精神障害」に着目した保護者への支援を行う

　事例にみられたように，精神障害者の障害特性には精神疾患による認知機能の低下，思考力や作業能力の低下がみられ，精神障害のある保護者は自身の子育てに不安感や不全感を抱く場合が少なくない。そこで，保育者は，「母親」役割をもつ本人の子育てに関する不全感に共感的態度で接しながら，精神障害による子育てに関するニーズの明確化と，そのニーズを満たす支援機関と一体的に包括的に支援することが望まれる。

2）保護者のストレングスを活用した「養育力」を育む支援をする

　精神障害のある保護者の場合，子育てに対する自信や自尊感情の低下がみられることが少なくない。事例では，母親が子育ての中で大切にしてきた絵画鑑賞を保育者が称賛することで，母親自身に自己受容がみられていた。このことから，保育者は精神障害のある保護者の障害や病理にのみ着目するのではなく，その保護者が1人の人間としてもつストレングス（得意分野や関心ごとなど）に着目し，それを活用した子育て支援が望まれる。特に，遊びは乳幼児の発達には重要な道具であり，保育者は保護者が持つ遊びの文化を大切にしながら，子どもの発達段階に応じた遊びの内容を提供したり，保護者ができる具体的な遊び方の見本を提示したりすることが求められる。このような保育者による保護者のストレングスに着目した子育て支援を適切に行うことで，保護者の「親である自信」が醸成され，保護者の「養育力」の向上が期待される。

3）保護者の子育て支援に関するネットワークを構築する

　精神障害のある保護者の子育てには，複層化されたニーズが生じることから地域にある社会資源の活用が必要になる。事例にみられたように，社会資源には医療機関や市役所のようなフォーマルな資源だけでなく，セルフヘルプ・グ

第Ⅲ部　事例で見る保育者の子育て支援

ループや地域住民のボランティアのようなインフォーマルな資源がある。保育所は保育所の自前機能を活かすとともに，地域にあるインフォーマル・サポートやフォーマル・サポートと連携・協働しながら，子育て支援に関するネットワークを構築することが望まれる。

　以上のように，保育者は，精神障害のある保護者に対して，保護者の精神障害だけではなくその人のストレングスへの理解に基づく子育て支援を行うとともに，地域にある医療機関や福祉サービス（フォーマルな社会資源），自助グループ等（インフォーマルな社会資源）との連携を図りながら，子どもと母親を世帯単位で支援する観点が必要である。

2　外国籍である保護者への支援

（1）　事例のねらい

　近年の国際化の影響を受けて，外国籍である保護者を持つ子どもが保育所を利用するケースが増えてきたものの，文化・風習の違いやコミュニケーションの難しさのために子育てが困難となる場合が少なくない。事例のねらいは，このような保護者の子育てに関して，母国の文化に敬意を示しながら，異国の地における子育てに関するニーズについて理解し，そのニーズに対応する保育所のもつ機能や役割について学ぶことにある。

（2）　事例の概要

　サラさん（2歳）はフランス人の両親の下に生まれ，父親（40歳）の仕事の関係で，母親（30歳）と3人で日本にやってきた。母親はほとんど日本語が話せず，昼間，日本語学校に通うことになり，サラさんの保育所利用が開始されることになった。当初の母親は，サラさんの送迎時に他の保護者から声をかけられても，挨拶すら難しい状況だった。また，母親は慣れない日本の文化における子育てにも戸惑いがみられ，不安気な様子だった。そのような母親に対して，担当の黒岡保育士は保護者会や参観日への参加を促すものの，母親は参加

164

そのものがストレスになると断ることが多々あった。一方，保育所におけるサラさんは他の子どもたちが遊んでいると，自分からすすんで遊びに参加する姿がみられた。このようなことから，黒岡保育士は，サラさんが好ましい養育を受けるには母親の協力が必要であり，母親自身が異文化に慣れながら，母国の文化を大切にした子育て支援が必要であると判断した。そこで，黒岡保育士はサラさんとその家庭のことを保育所所長に相談したところ，そのことが保育所の全体会議で検討されることになった。

（3）　事例の展開

　保育所の全体会議で，サラさんと母親を含めた家族支援についてケースカンファレンスが持たれた。参加者は，黒岡保育士，所長，主任保育士，同僚の保育士である。

　まず，サラさんとその家族に関する情報共有がなされた。保育所利用の初日の送迎時に，黒岡保育士が母親に声をかけると，母親は緊張した表情で日本語を聞き取ることも難しい様子だった。その後も，他の保護者との交流もほとんどなく，日本語学校も欠席が続いている状況だった。日系の企業に勤めている父親は日本語を流暢に話すことができ，日本への転居手続きをすべてこなせるほどだった。しかし，フランスにおける仕事が多く，サラさんの日常生活は実質母親と2人の生活だった。

　一方，サラさんに関して，複数の保育士による観察から，サラさんは日本の子どもたちが遊ぶおはじきやお手玉に関心を示し，保育士にも自らが抱っこ遊びを求める姿があると報告された。このような情報をもとに，保育所において，サラさんの発育を多面的に把握すること。保育士は母親と信頼関係を形成しながら，子育てにおけるニーズを明らかにし，その支援内容を検討することが共有された。そして，保育所所長はサラさんの両親と面談の場を持つことにした。

　面談には，保育所所長と黒岡保育士，サラさんの両親が参加した。サラさんの保育所における状況を共有するとともに，母親の子育てに対する不安に共感しながら子育て支援に対応する支援計画が検討された。

第Ⅲ部 事例で見る保育者の子育て支援

　まず，黒岡保育士はサラさんの発達課題を考慮し，保育士の対応として，「サラさんの好きな遊びを通じて，集団生活の体験を促すこと」「母国語を大切にした遊びを取り入れる工夫をすること」という保育計画が報告された。また，母親の「親」支援として，黒岡保育士と保育所所長は「サラさんの保育所における様子を連絡帳で共有すること」「サラさんの送迎時に母親に声掛けをし，子育ての不安を受容すること」を担当することになった。その際，的確な情報共有のために，地域の通訳ボランティアを活用することにした。加えて，主任保育士は「保護者会や保護者だよりを活用して，多国籍の文化を共有すること」と「保育所の行事に多文化交流会を設定すること」を担当した。そして，「サラさんと母親の支援」に対して，黒岡保育士とサラさんの父親は「保育所と家庭におけるサラさんと母親の様子に関する情報について連絡帳を介して共有すること」を担当した。

　1カ月後が経過し，各々の支援計画の進捗状況を共有する会議が行われた。参加者は，保育所所長，主任保育士，黒岡保育士，サラさんの両親である。

　黒岡保育士は「サラさんの好きな遊びを通じて，集団生活の体験を促すこと」「母国語を大切にした遊びを取り入れる工夫をすること」という計画を実施した。ある日，黒岡保育士が他の子どもと「いないいないばあ」[3]の遊びをしていると，サラさんが喜々として近寄ってきた。そして，母国語で「Cache-cache cou-cou（カシュカシュ クークー）」と言って，黒岡保育士に自分のタオルを顔にかける場面があった。以前，アメリカ出身のリンダさんが「peek-a-boo（ピーカ・ブー）」と日本の「いないいない ばあ」の遊びをしたことがあったことから，諸外国の「いないいない ばあ」を保育プログラムの遊びに取り入れることにした。

　また黒岡保育士と保育所所長は，「サラさんの送迎時に母親に声掛けをし，子育ての不安を受容すること」と「サラさんの保育所における様子を両親と連絡帳で共有すること」という計画に対して，地域にある国際交流センターの通訳ボランティアを依頼した。ボランティアは，サラさんの遊びの状況や他の子どもとの状況を通訳しながら母親に伝えた。すると，母親から，今までみせた

第12章　精神障害のある保護者・外国籍である保護者への支援

ことのない安堵の表情がみられた。また，母親の不安を軽減するため，連絡帳もボランティアに通訳をお願いすることにした。さらに，サラさんの父親には，連絡帳を介してサラさんと母親の情報を共有することを依頼した。

　そして，「保護者会や保護者だよりを活用して，多国籍の文化を共有すること」という計画に対して，黒岡保育士からサラさんの「いないいない　ばあ」の出来事を聞いていた主任保育士は，保育所の保護者だよりに「いないいないばあ」の遊びが万国共通であり，子どもの発達にいかに有効な遊びであるかを紹介することにした。また，主任保育士は，保護者会で諸外国の母国語を活かした「いないいない　ばあ」を実演し，子どもと親のコミュニケーションの活用する方法の見本をみせた。主任保育士は「保育所の行事に多文化交流会を設定すること」という計画に即して，「母国の手作りお菓子」を紹介するという交流会を実施した。サラさんの母親がフランスのお菓子を披露すると，参加した保護者から好評だった。これを機に，母親はサラさんのためにお菓子を作ったり，保護者と会話したりする姿がみられるようになった。そして，黒岡保育士は「保育所と家庭におけるサラさんと母親の様子に関する情報について連絡帳を介して共有すること」を実施した。サラさんと母親の保育所における情報を父親が知ることで，父親から家庭のなかでも保育所の会話が増えたことや，それに伴って母親の子育てに対する不安が軽減され，家庭においてもサラさんの子育てに対する創意工夫がみられるようになった。

　以上のように，母親が母国の文化を大切にされる経験や，通訳ボランティアの活用によりサラさんの子育てに関する不安や支援がより明確に共有されることで，母親自身の子育てに対する不安が軽減していった。その過程の中で，母親は保育士や保護者との関係が密になり，母親自身も日本の文化を理解し，コミュニケーションが図られるようになった。また，保育士が設定した保護者会の交流により，母親が得意なお菓子作りを披露する機会を得て，母親の自尊感情が高まっていった。このような体験の積み重ねの中で，母親の「親役割」が遂行され，母親自身も母国語やその文化を大切する感性が育まれていった。

第Ⅲ部　事例で見る保育者の子育て支援

（4）　事例の考察

　事例は，外国籍のために異文化における子育てに不安を抱く母親に対して，保育者が母国の文化を大切にしながら，子どもの養育と母親の子育て支援を行った事例である。このような事例を通して，外国籍の保護者の養育力の向上を目指した保育者の子育て支援のポイントとして，以下の3点がある。

1）母親の不安を軽減するためコミュニケーションが円滑になるように配慮する

　事例では，保育者が母親の異文化における子育ての不安を受容しながら，双方のコミュニケーションを円滑に図るために，地域の通訳ボランティアを活用していた。それによって，保育者は母親の子育てに関するニーズに適切に対応することができ，母親の子育てに対する不安が軽減されていった。このように外国籍の保護者に対して，保育者は適切なコミュニケーションを図る工夫や情報提供を図る技術が求められる。

2）外国籍である保護者の自国の文化に敬意を示す

　事例では，保育所の行事を活用して，万国共通の遊びの共有や母国の手作りお菓子の交流会を開催していた。これによって，母親は子育てにも自国の文化を取り入れることができ，精神的な余裕がみられるようになった。このように，外国籍の保護者の子育て支援に対して，保育者は保護者の自国の文化を活用した遊びの提供や，子どもの発達段階に応じた遊びのお手本の教示を行うことが望まれる。

3）保護者が本来有する「養育力」を育む支援をする

　本事例では，外国籍である保護者に対して，保育所の持つ多様な機能を活用していた。例えば，日々の情報共有として通訳ボランティアによる「連絡帳」や，多文化交流として「保育所だより」や「保護者会」を活用していた。このような保育所が持つ機能を活用することで，子どもと保護者に良好なコミュニケーションが図られ，保護者が本来有する子どもの養育力を発揮する機会になる。

　以上のように，外国籍である保護者に対して，保育者は保育所が持つ機能として，「連絡帳」による保護者との情報共有，「保護者会」「保護者だより」に

第12章　精神障害のある保護者・外国籍である保護者への支援

よる他国の子育てに関する有用な情報提供，通訳ボランティア等の地域にある
「社会資源の活用」により，保護者自身が子育てに自国の文化を組み込む支援
が必要といえる。

3　本章のまとめ

　近年，日本における核家族化，地域のつながりの希薄化，国際化などを背景
として，保護者の子育てに関するニーズが多様化・複雑化してきた。このよう
な中で，特別な配慮を要する保護者が少なくなく，保育者にはその保護者や子
どもを含めた世帯を視野に入れた子育て支援を担う役割が重要視されてきてい
る。

　本章では，「精神障害のある保護者」「外国籍である保護者」といった特別な
配慮を要する保護者の子育て支援の事例を通して，保育者や保育所の役割や機
能について考察した。

（1）「保護者」という親役割を遂行する支援——養育力の向上の支援機能

　「精神障害を持つ保護者」も「外国籍である保護者」もコミュニケーション
に難しさがある。そこで，保育者は日々の保護者への送迎時の声掛けや連絡帳
を介して，保護者の子育てに関するニーズを発見するとともに，保護者の相談
意向を高めるような信頼関係を形成することが望まれる。保護者の複層化され
た相談内容に対応できるように，保育所所長や主任保育士，看護師，栄養士が
チームとなって，子どもと保護者を一体的に総合的に包括的に支援する体制の
構築が望まれる。また，保育所だより等を活用して，広く保護者に子育てに関
する情報提供を行うことも重要な役割といえる。加えて，保護者がもつ1人の
人間としてのストレングス（得意分野や関心事など）を子どもの養育に活用でき
る支援を行うことで，保護者が有する子どもの養育力が向上することが期待さ
れる。

169

第Ⅲ部　事例で見る保育者の子育て支援

（2）　保護者同士の支え合いの支援──ピアサポートの育成機能

　個々の保護者には，子育ての経験から得た豊かな生活の知恵がある。それは，保育者等の専門職が持つ専門的知識と異なり，同様の子育てに悩む保護者にとって実用的で有益的かつ即応的な情報になる場合が多い。また，その知恵を保護者の「要望」として般化することで，保育所の在り方を改善する可能性を生む。このように，保育所には保護者会や保育参観などを活用しながら，保護者同士の相互支援を側面的に支える機能がある。

（3）　地域にある社会資源を活用する支援
──多機関・多職種との連携・協働機能

　保護者の子育てに関する複層化された相談内容に対して，「保育所」という単一機関だけでは充足されない場合に，地域にあるフォーマル・インフォーマルな社会資源を活用し，多機関・多職種との連携や協働を図ることが求められる。また，「保育所」という機関が地域に開かれた子育て支援の機関として機能することで，より広い年代の子どもの健全育成にも寄与できることが期待される。

　以上のように，子どもの最善の利益を念頭に置きながら，保育者は保護者と協働して子どもの健全な育ちを支援するとともに，保護者の複層化したニーズに対して，保育所がもつ機能や保護者が子育ての経験のなかで得た生活の知恵の活用や，地域にある子育て支援に携わるフォーマル・インファーマルな機関や施設との連携や協働が望まれる。このような保育所がもつ保護者の子育て支援の機能によって，保護者が本来有する養育力の醸成や向上とともに，子どもの健全育成が期待される。

さらに考えてみよう
---

　①　あなたの住んでいる地域で外国籍の子どものいる家庭への支援の現状を調べてみよう。

　②　海外の子育ての文化や風習，海外における子育て支援の現状等を調べてみよう。

注

(1) 本章は，桃山学院大学総合研究所共同研究プロジェクト「マルトリートメントの親の子育てに関する理解とその支援（代表：栄セツコ）」の成果の一部である。

(2) PSW は Psychiatric Social Worker の頭文字をとったもので，精神保健福祉領域で活躍するソーシャルワーカーを示す。国家資格の名称を「精神保健福祉士」という。

(3) 「いないいないばあ」は万国に共通する遊びで，以下のような名称がある。
- 英語　peek-a-boo ピーカ・ブー
- フランス語　Cache-cache cou-cou カシュカシュ　クークー
- ドイツ語　Gugus dada グーグス　ダーダッ
- イタリア語　Bao bao cette バォバォ　シェッテ

参考文献

オコーナー，ローズマリー／今村扶美・松本俊彦監訳『お母さんのためのアルコール依存症回復ガイドブック』金剛出版，2019年。

高山恵子『親子のストレスを減らす15のヒント』学研教育出版，2012年。

中村ユキ『わが家の母はビョーキです』サンマーク出版，2008年。

中村ユキ『マンガでわかる！　統合失調症──家族の対応編』日本評論社，2016年。

野中　猛『ケア会議で学ぶ精神保健ケアマネジメント』中央法規出版，2011年。

<table>
<tr><td>第13章</td><td>不適切な養育・虐待が疑われる家庭への支援</td></tr>
</table>

―― 学びのポイント ――

　不適切な養育・虐待が疑われる家庭への支援にあたっては，家庭が抱えるさまざま事情や背景を理解しながら，保護者の希望に応じて個別の支援に努め，保育所としての組織的な対応や市町村・関係機関との連携が重要となる。本事例では，保護者支援の上で保育者に求められる基本的な知識・技術・態度，支援の過程，保育所としての組織的な対応，他機関・他職種との連携について，理論と実践の両面から各内容を具体的に説明する。

① 保育者に求められる基本的な知識・技術・態度（保護者理解，信頼関係の形成，受容的な関わり等）を実際どのように実践すればよいのか，その具体的な内容と重要性を理解する。

② 見通しを持ちながら適切な支援を展開していくためにアセスメントやプランニング等が重要であることを理解し，その具体的な内容を学ぶ。

③ 保育所での支援の中心となる保育者等を施設長や主任保育士，他の保育者等と役割分担を行いながら支えていく体制づくり（組織的な対応）の重要性を理解する。

④ 他機関・他職種がどのように情報や考え方を共有し，適切な連携の下で対応していくのか，その具体的な内容と重要性を理解する。

1 育児不安を抱え孤立した母親への支援

（1） 事例のねらい

　不適切な養育の背景には，育児不安や育児ストレス，家庭や仕事の状況，親自身の成育歴上の問題や養育知識・スキルの不足，子どもが抱える問題や育てづらさ，親戚や近隣とのつながりがなく孤立状態にあるなど，さまざまな要因が複雑に絡んでいる。この事例では，これらの背景を踏まえた保護者の状況や

第13章　不適切な養育・虐待が疑われる家庭への支援

意向を把握し，ニーズに適合した支援を展開していくことの重要性を学んでいく。また，保護者支援の前提となる信頼関係の形成や保育者として意識的に活用していくことが望まれる子育て支援の技術を学んでいく。

（2）　事例の概要

　加菜さん（現在34歳）は，19歳の時に大学進学のため地方から上京した。大学卒業後は，都内の会社に勤めていたが，28歳の時に2歳年上の健さん（現在36歳）と知り合い結婚した。妊娠・出産中は育児休暇を取っていたが，その後仕事に復帰し，最近は会社で重要な役割・業務を任されている。元々，几帳面で何事も卒なくこなす性格ではあるが，毎日の育児と仕事で手一杯であり，さらに最近は長男の拓斗くん（4歳）の言動にイライラすることが多くなり精神的に疲れている。加菜さんの実家は東京から遠く離れているため，加菜さんの父母と交流する機会は少ない。さらに3年前から父は病気のため自宅療養しており，母がその介護にあたっている。

　夫の健さんは，温厚で真面目な性格である。都内の会社に勤めており，通勤に片道2時間かかるため，毎日朝早くに家を出て夜遅くに帰宅する。家庭よりも仕事を優先に考えているため，育児に協力的でない。

　拓斗くんは，人懐っこく明るい性格であるが，最近は自分の思いを押し通そうとしたりぐずることが多くなり，思い通りにならないと物を投げたり泣きわめく。拓斗くんは家の近所にあるスミレ保育所に通っており，担任は花野保育士である。また，ベテランの桜木主任保育士は，自身の子育て経験もあるため保護者からの信頼が厚く，他の保育士からも頼られる存在であり，事例では主にこの2人の保育士が加菜さんを支援していくこととなる。

　次に，支援に至るまでの経緯について確認する。

　加菜さんにとって朝が一番忙しい時間帯である。起床してすぐに夫の朝食を用意し，夫が出勤するのを見送る。その後，拓斗くんを起こしご飯を食べさせながら，自分も軽く朝食を済ませ身支度を行う。保育所は家から徒歩10分ほどの所にあるが，拓斗くんは道中の色々なものに興味を示してしまい歩くのが遅

第Ⅲ部　事例で見る保育者の子育て支援

くなる。そのため加菜さんは拓斗くんをせかしながら登園する。園ではいつも担任保育士が出迎えてくれるが，加菜さんはゆっくり話をする暇もなく拓斗くんを預けて会社に向かう。夕方，加菜さんは会社を退勤し，途中で買い物をしてから拓斗くんのお迎えに行く。家に着くと休む間もなく拓斗くんの入浴と食事の世話をし，寝かしつける。夫は夜遅くに帰宅するので，子どもと関わることはほとんどない。平日はこのような生活が毎日繰り返される。

　ある日の登園の途中，拓斗くんは些細なことでぐずりだしたため，加菜さんが大きな声で叱りつけた。さらに保育所の玄関でも拓斗くんはぐずぐずして靴を脱ごうとしない。加菜さんは出勤前の余裕のなさと日頃のストレスが一気に噴出し，保育所でも大声で叱ってしまった。玄関で出迎えをしていた花野保育士はその様子に一瞬戸惑ったが，落ち着きを取り戻し「大丈夫ですか？」と声をかけた。加菜さんはバツの悪そうな様子で「すみません，急いでいますから。宜しくお願いします」と言い残して行ってしまった。また別の日には，加菜さんは仕事で疲れた様子で迎えに来た。拓斗くんは「もっと遊びたい」と言ってなかなか家に帰ろうとしないため，加菜さんが「いい加減にしなさい」と大きな声で叱り，強引に拓斗くんの腕を引っ張って連れて帰る姿が見られた。さらにここ数週間，拓斗くんの様子にも気になる点が多くなってきた。登園後，極端に元気がなかったり，他児とのトラブルの際に叩いたり噛みつくことが見られるようになった。また，保育所への持ち物の準備がされておらず，忘れ物が見られるようになった。

　加菜さんの様子や最近の拓斗くんの変化が気がかりになり花野保育士は桜木主任に相談したところ，一度ゆっくりと話を聞ける場を設けてみることとなった。仕事や育児のこと，家庭内のこと等で加菜さんが何か悩みや不安を抱えているのではないかと推察されることから，花野保育士だけでなく桜木主任も面談に同席することにした。

（3）　事例の展開

　ある日のお迎えの時，花野保育士が加菜さんに最近の拓斗くんの様子を伝え

174

第13章　不適切な養育・虐待が疑われる家庭への支援

た上で，一度ゆっくりと話ができる時間を設けてほしい旨を伝えた。一瞬，加菜さんは戸惑いの表情を見せたが，育児に思い悩んでいることを誰かに相談したい気持ちもあったためか，後日の面談を約束してくれた。

　面談では，加菜さんの日々の頑張りや苦労をねぎらうことから話を始めた。その上で拓斗くんの最近の様子や気がかりな点を伝えていった。加菜さんは初め少し警戒心をもっていたようで口数も少なかったが，桜木主任が「お仕事もしながらお家のこともなさっていて，色々大変なこともあるかもしれませんが，一緒に拓斗くんを育てていきましょう」「お母さんはよく頑張っていらっしゃる。何かありましたら是非ご相談下さい。一緒に考えていきましょう」など受容的な姿勢で励ますと，加菜さんはこれまで抑圧していた気持ちが一気にあふれだし，涙ながらに育児や家庭の状況を話しはじめた。その内容はおよそ次のようなものであった。

　加菜さんは毎日仕事と育児を両立させることで精一杯であり，時間的にも精神的にも余裕がなくなっている。さらに4歳の拓斗くんが自分の思いを通そうとすることが多くなり，そのことを加菜さんは「わがまま」「言うことをきかない」と捉えていた。何とか言うことをきかせようと一生懸命しつけをすればするほど上手くいかず，イライラしたり怒鳴ったりするなど悪循環に陥っていった。仕事は卒なくこなせるのに，育児は思い通りに上手くいかず自信をなくしていた。怒ってばかりの自分に嫌気がさし，自分のふがいなさに涙が出てくる。そのうちいつか叩いてしまうのではないかという不安もある。夫が話を聞いてくれれば少しでも気持ちが晴れるのだが，「仕事で疲れているから，後にして」「明日は朝早いから」と言って話を聞いてもらえない。加菜さんの母にも頼りたいが，加菜さんの父の介護で大変な状況なので心配をかけられない。近所の人たちとのつながりもなく，ママ友もいないため，公園などで同じ年頃の子どもと楽しそうに遊んでいる母親たちの姿をみると，自分が孤独でみじめで不幸な人間に思えてくる……。

　桜木主任と花野保育士は母親の気持ちを受け止めながら話を聞くことに徹し，最後に桜木主任から「お母さん一人で抱え込まずに一緒に考えていきましょ

175

第Ⅲ部　事例で見る保育者の子育て支援

う」と伝え，支援の開始とケースカンファレンスの実施について加菜さんの同意を得てこの日の面談を終えた。

　面談の後，桜木主任と花野保育士はジェノグラムとエコマップを作成し，母親の主訴や家庭の状況を下にアセスメントを行った。そして加菜さんと拓斗くんの課題を分けて捉え直し，家庭のさまざまな状況を3つの側面（身体的状況，心理・社会的状況，経済・制度的状況）に整理して表にまとめ，課題やニーズを明確にしていった。その上で保育所内でのケースカンファレンスを実施し，園長やその他の保育士と情報共有し，今後の支援の方向性と内容について相談した。保育所としてできる支援の範囲を確認し，できない範囲については市の子ども家庭支援課や保健センターに相談し，連携していくことを検討した。また，それぞれのニーズに対してどのような支援をすればよいのか，その適合性や優先順位，支援の見通し（必要な時間や期間，実現可能性）なども検討した。具体的には次のような子育て支援の技術を意識しながら支援を実施していくことにした（第3・4章参照）。

① 「受容」「傾聴」「共感」により，母親との信頼関係を深め，いつでも気軽に相談できる雰囲気を作る。母親が育児ストレスや育児不安をため込まないようその都度に丁寧に対応する。支援を展開していく上でこの信頼関係の形成が最も重要であり，その他の支援の基盤ともなる。

② 「承認」や「支持」により母親が自信を取り戻し，子育てへの意欲や態度が継続されるよう支援する。ともすれば母親の出来ていない面や弱さなどマイナス面に目がいきがちになるため，母親がもつ強さやできている部分に目を向けるストレングスの視点やエンパワメントの視点が重要となる。このように，保護者がもつ「力」に焦点を絞り，それをしっかり承認・支持していくことは，保護者自身がその力を再確認し，自信を持って子育てできることにもつながっていく。

③ 「伝達」や「解説」により，子どもの良いところや成長を伝え，一緒に喜びを共有する。また，保育の視点から子どもの発言や行為を解説し，

第13章　不適切な養育・虐待が疑われる家庭への支援

育ちの見通しがもてるよう支援する。

④ 「行動見本の提示」により，4歳児年齢の子どもへの理解や関わり方・対応について，母親が活用可能な方法を実際の行動で提示する。

⑤ 「紹介」により，母親が利用できる社会資源やサービスについて説明し，利用を促していく。これにより育児の負担感が軽減され，同じ年頃の子どもを持つ母親同士のつながりをつくることが期待できる。たとえば園内の保育参観や保護者会などで，他の保護者と出会う場や機会の設定ができないかどうかも考えていく。

⑥ 「子どもへの直接的援助」は，拓斗くんの成長・発達を支援するだけでなく，保護者の子育てを支えることにもつながる。特に拓斗くんと他児とのトラブルの際には，自分の気持ちや要求を相手に伝えられるよう保育士が場面設定や仲介をし，時には見守る対応も考えながら，拓斗くんの成長を支えていく。

　まずは①の技法を日常的に用いることにより，加菜さんとの信頼関係を深める。その上で②③④の技法により加菜さんの子育てを支えていく。また必要に応じて⑤の技法を活用しながら支援の輪を広げていく。拓斗くんに対しては⑥の技法により日常的に対応していく。いずれの技法の日常的な関わりの中での実施が可能であり，比較的早い段階での成果が見込まれる。当面は3カ月後に成果が表れることを目標とし，その時点で支援の振り返りを行うとともに，必要な場合は計画の見直しも検討する。

　加菜さんはその後も仕事で忙しい毎日を送ってはいるが，桜木主任や花野保育士の支えと見守りにより精神的な余裕と育児に対する自信を取り戻しつつある。保育所のお迎えの際に，その日の拓斗くんの様子や保育所での活動などを聞き，拓斗くんの成長に喜びを感じられるようにもなってきた。それでもたまに拓斗くんのことでイライラや悩みを抱えることがあったが，その都度桜木主任か花野保育士に相談してくるようになり，話を聴いてもらった後はすっきりした表情で帰っていくようになった。

177

第Ⅲ部　事例で見る保育者の子育て支援

　また，加菜さんの様子が安定してくると拓斗くんも次第に落ち着きを取り戻していった。登園後に元気がなかったり機嫌が悪かったりすることもなくなった。自分の思い通りにならない場面でときどき他児に対して手がでてしまうこともあるが，年齢相応の成長や発達の様子を見せている。

（4）　事例の考察

　事例では，育児不安や育児ストレスから不適切な養育が疑われる母親への支援について，保育所としてどのような支援ができるかを考えていった。保育者は母親の気持ちに寄り添い，「頑張っている」と認めることや「一緒に考えていきましょう」と励ますなど，受容と傾聴，共感の姿勢を示すことによって信頼関係を築いていった。母親にとって保育者は心の拠り所となり，頼れる存在となっていった。また，保育者は承認，支持，伝達，解説，行動見本の提示などの子育て支援の技術を意識した関わりを続けることによって，母親は精神的な余裕と育児に対する自信を取り戻すとともに，子どもの成長への喜びを感じ，育児に対する前向きな姿勢も見られるようになっていった。さらに，このような母親の安定が子どもの安定にもつながっていった。

　このように保護者支援をしていく上で保育者は目標や見通しを持ちながら支援を行うことが重要である。また，そうすることで支援経過の振り返りや評価も行いやすくなり，必要に応じて支援内容や目標を修正していくことも可能となる。

　また事例では，夫の協力や身近な相談相手，地域の民生委員・児童委員による見守りや協力体制，ファミリーサポートの活用なども支援のレパートリーとして考えることができる。これらの支援を導入することよって支援経過が大きく変わる可能性もあり，そのためにもより正確なアセスメントとニーズに沿った支援の組み立てが重要となる。

第13章　不適切な養育・虐待が疑われる家庭への支援

2　虐待の可能性がある親への支援

（1）　事例のねらい

　虐待を受けている子どもをはじめとする要保護児童の早期発見や適切な保護を行うためには，関係機関が要保護児童対策地域協議会などで集まり，子どもや家庭に関する情報や支援の方向性を共有しながら連携・対応していくことが求められる。保育所においても，保育者は子どもの様子や家庭の状況など気になるケースに出会うことが増えてきており，特に虐待ケースの場合は園内だけで判断・対応をしていくには限界があり，関係機関との連携や協力が重要となってくる。

　事例では，要保護児童の家庭に対して，関係機関がどのように役割分担しながら連携を図っていくのか，また保育所内での支援体制や保育者同士の役割分担をどのように行っていくのかを学んでいく。

（2）　事例の概要

　主訴は，養育困難であり軽度の虐待も疑われるケースであるので子どもが一時保護となり，家庭引き取り後は市の子ども家庭支援課を中心に多機関の連携の下で在宅支援を行っていった事例である。

　星也くん（3歳）は，ひまわり保育所の3歳児クラスに在籍している。周産期，出生時とも特に問題はなかったが，発語が少なく，行動面で多動傾向がみられる。異父きょうだいの風真くん（0歳）は，周産期，出生時ともに特に問題はなく，今のところ順調に育っている。母親の春子さん（22歳）は，子どもをかわいがっているが養育能力に課題がある。また，情緒的に不安定で対人関係を築くのが苦手であり，むしろ他者に対して不信感や被害感情を持ちやすい傾向がある。父親の英明さん（32歳）は，会社員であり一般家庭並みの収入を得ている。おとなしい性格で，家庭内では母親を刺激しないよう育児協力している。

179

第Ⅲ部　事例で見る保育者の子育て支援

　この家族を支援していく主な専門機関・専門職は，ひまわり保育所の桃井保育士，森永園長，朝倉主任保育士，そして市の子ども家庭支援課の金田相談員と保健センターの吉田保健師である。その他，児童相談所の江角児童福祉司，山川主任児童委員が支援に携わる。

　次に，支援に至るまでの経緯について確認する。

　母親は19歳で前夫と結婚しその翌年には星也くんを出産したが，前夫からのDVが原因で離婚。母親が星也くんを引き取り2年ほど実家で暮らしながら仕事を続け，星也くんの育児は祖母の文子さんが担っていた。その後，現夫（英明さん）と知り合い，春子さんの父母の反対を押し切って再婚したが，それ以来，実家との関係は絶縁状態となってしまった。

　再婚後，家庭の経済状況は恵まれている方であったが，母親は些細なことで夫に不満を持ち感情的になって当たり散らすなど夫婦関係は不安定であった。また，保育所を利用しておらず，自宅で子どもを育てていたため，星也くんのしつけや多動傾向への対応に苦労していた。このように家庭内のさまざまな要因が積み重なって，母親はイライラやストレスを募らせていた。

　また，再婚後は春子さんの父母や他の親戚とも全く交流がなく，さらに夫婦共に対人関係が苦手であり近所づきあいもないため，周りからのサポートや育児モデルもなく孤立状態であった。

　このような状況で異父きょうだいの風真くんを出産したが，生後4カ月頃より近隣住民からの苦情（子どもが騒ぐ等）と虐待通告の電話が市役所に入ってきた。その内容は「夜は遅くまで部屋の電気がついており，昼夜逆転しているような生活がうかがえる」「家の中から父親の怒声が聞こえてきたり，深夜に子ども異様な泣き声がする」「道ですれ違った時にこちらから挨拶をしても反応がない，近所付き合いもないため親の人物像や家庭内の状況がつかめず，子どもに虐待をしているのではないかと，とても心配になる」とのことであった。

　このため，市の保健師と相談員が子どもの安全確認のため家庭訪問した。住まいは築年数30年ほどの木造二階建ての一軒家であり，玄関も室内も物が散乱していて不衛生な環境であった。呼び鈴に応じて出てきた春子さんはとても防

180

衛的な態度で「誰が連絡したんですか！」と怒り出したが，保健師が訪問の目的を丁寧に説明していくと次第に気持ちを落ち着かせてリビングに通してくれた。しかし話し合いの中で，春子さんは「子どもが言うことをきかないとイライラして殺したくなる」と発言し，育児疲れや夫への不満などにより情緒不安定になっている様子がうかがえた。また英明さんからは「妻が感情的になると『あなたが死なないなら，子どもを殺して自分も死ぬ』と言い，どうすればよいのかわからない」との相談もあった。このため現状では家庭内での適切な養育が難しく，また深刻な虐待に発展する危険性もあると判断されたため，父母の同意のもと2人の子どもを一時保護することとなった。一時保護所への入所の際，2人とも不衛生な状態であり，特に風真くんは垢がひどく，臍は洗われずに真っ黒の状態であり，おむつかぶれや汗もがひどかった。また星也くんの腕や体にはアザがあり，ほとんどの歯が虫歯になっていた。2人とも母親と別れる際に泣くこともなく，母子愛着がみられなかった。児童相談所は一時保護期間中に子どもや家庭の状況を把握して課題やニーズを捉え，今後の支援の方向性を探っていった。

（3）　事例の展開

　一時保護期間中に何度か両親に児童相談所へ来所してもらい，江角児童福祉司と面談を行った。

　春子さんは星也くんについて「家の中で走り回ったり，目についたものをすぐに触ったり，外では急に道路に飛び出したり，買い物のときにどこかにいなくなったりと目が離せない。何度注意しても同じことを繰り返すから疲れる」と語り，星也くんの多動傾向やしつけに苦労している状況がみえてきた。また，星也くんの腕のアザについては，しつけの際に星也くんの腕をつかんで言い聞かせたときのものだと語った。

　風真くんについては「夜泣きがひどく睡眠時間がとれない」「何を要求しているのか，どのように世話をすれば良いのかわからない」「時々，何もかもが嫌になってきて，死にたくなることがある」と語り，母親の育児への負担感や

第Ⅲ部　事例で見る保育者の子育て支援

精神的に不安定な状況も見えてきた。そして「夫が育児や家事に協力してくれない」と不満を語り，さらに近隣に相談できる人や地域とのつながりもなく，母親が育児を一人で担っている状況がみえてきた。これを受けて英明さんは「妻の大変さや気持ちを理解し，今後できるだけ育児に参加していきたい」と話した。また，これまで各種サービスや制度（保育所，予防接種，乳幼児健診，育児相談等）をあまり活用しておらず，適切な支援につながっていない状況もみえてきた。

　以上のことから，星也くんの多動傾向と育てにくさ，母親の育児負担と精神的な不安定さ，さらには母親の養育力（子育てに関する知識，技術等）の不足，地域や各種サービス・制度とのつながりがないことによる孤立状態が課題として浮かび上がってきた。保護者は早く子どもたちを引き取って家族一緒に生活できることを望んでいるため，その意向に沿って支援を進めていくこととなる。すなわち今回の一時保護を機に家庭の状況や課題を整理し，保育所利用や関係機関のサービス利用の手続き進め，引き取り後も何か困った時は保育所の保育士や市の保健師などに相談できるようになり，発達や養育に関する知識や技術を身に付けていけるよう支援していくこととなる。父母共にこのような見通しで支援を受け入れることに了承した。

　この時点で「重症度判定表」に基づく虐待の判定は「軽度」であり，保護者が支援を受け入れる姿勢も確認されたため，2カ月後を目途に一時保護を解除し在宅支援へと移行する方針が立てられた。また，一時保護中に関係機関が集まってケースカンファレンスを実施し，支援の方向性と役割分担を確認して，在宅支援のためのサポート体制を整えていくこととなった。

　はじめに，児童相談所の江角児童福祉司が父母との面談結果を踏まえながらケースの基礎情報（主訴，家族構成，生育歴，家族の抱える問題やリスク，ニーズ等）を確認し，一時保護中の子どもたちの様子（行動観察，心理検査や医学的所見等）を報告した。

　さらに，その他の機関からもいくつかの情報が報告された。子ども家庭支援課の金田相談員からは「母親は対人関係が苦手で人とうまく関わることが難し

いようである。人への信頼感が薄く被害感情を抱きやすい傾向があるため，サービスにつながりづらいようである」との情報が寄せられた。山川主任児童委員からは「父母共に人との関わりが難しいようである。隣の家の方が洗濯物を干していてベランダ越しに英明さんと目が合った時も，威嚇するような感じで睨んでいたとのこと。父も母も挨拶するなり会釈するなり，あるいは『いつも子どもが騒がしくて済みません』など気軽に声を掛けられれば，周りの人の理解も変わるだろうに，それができないようだ」との情報が寄せられた。保健センターの吉田保健師からは「定期検診や予防接種などできていない現状や，家庭訪問の際に見受けられた家の中の生活環境や衛生状態，子どもたちへの関わり方など，母親は子どもの発達や養育に関する認識が乏しく適切なケアが難しいのではないかと考えられる」との意見が挙げられた。また，リスク面ばかりではなく，リソースや安心な面についてもいくつか確認された。例えば，英明さんは母親の気持ちに寄り添い育児に協力していく姿勢を見せていること，春子さんは家庭訪問で出会った吉田保健師には比較的心を開いている様子が見られるため，このつながりを今後も大事にしていきたい等が話し合われた。これらは，それまでよく見えなかった父母の人物像を浮かび上がらせてくれる貴重な情報であり，より正確なアセスメントと適切な支援を考えていく上で非常に有益なものであった。

　上記の情報を下にケース理解を深め，以下のような役割分担と連携について確認し，援助を開始することになった。

　まず，市の子ども家庭支援課は主担当機関としてケースマネジメントを行っていくこととなった。今後は定期的に要保護児童対策地域協議会による個別ケース検討会議を設定し，在宅支援の進捗状況を確認し合い，必要に応じて調整を行っていく。

　次に，毎日母子と直接的に関わることになる保育所は，信頼関係の構築を第1目標としていく。星也くんが毎日楽しく通えるような活動や環境を用意するのはもちろんのこと，母親に対する送迎時の声かけや関わりを特に大切にし，子育ての不安や悩みなどを保育士に安心して相談できるような関係性を目指し，

第Ⅲ部　事例で見る保育者の子育て支援

受容・傾聴・共感を心掛ける。また，家庭の様子の把握や理解の精度を高めるためにも日頃の観察や記録を意識的に行い，子ども家庭支援課や児童相談所に随時報告・相談していくとともに，緊急時には虐待通告する役割を担う。

　保健センターは母親（両親）学級や新生児訪問，乳幼児健康診査などの際に，母親の育児に関する負担感や不安感を受け止めながら支援していく。同時に母親が子どもに対する適切なケアを身につけていけるよう発達や養育に関する知識や技術を具体的に丁寧に教えていく。また，母親との直接的な関わりを通じて些細な変化にも注意を払いながら，虐待のリスク要因の早期発見に努める。

　主任児童委員は子ども会や地域の行事に誘ったり，通院や行政手続きに同行するなど日常的な関わりを通して援助を行うことにした。また，児童相談所は関係機関と情報共有しケースの把握に努める。緊急時の判断や対応にも介入し，必要に応じて保護者への面談・指導を行うことにした。

　その後，ひまわり保育所では星也くんの入園にあたり，この家族についての情報を共有し，今後の対応や役割分担について具体的に協議した。まずは，桃井保育士が担任として星也くんの保育にあたり，朝倉主任保育士は担任のフォローに回る。そして園長は母親への相談対応や外部機関との連絡・調整役を担うことにした。また，直接的な関わりを持たない保育士も家族の状況を把握し，園全体でこの家族を見守っていくという方針およびバックアップ体制について確認した。何よりも星也くんが毎日楽しく保育所で過ごせるようになることと，母親が安心して星也くんを保育所に預けられ，些細なことでも保育士に相談したり頼ったりできるような関係性の構築を目指すことにした。特に母親は対人関係を築くのが苦手であり，他者に対して不信感や被害感情を持ちやすい傾向があることに配慮し，保育士側は受容的な関わりや共感・傾聴を心掛けることにした。

　また，虐待が疑われるケースであることも念頭に置きながら，星也くんの様子を日々注意深く見ていき，「虐待状況チェックリスト」を活用しながら養育状況や虐待の兆候，家庭の状況の変化等を把握し，緊急時には速やかに児童相談所に報告・対応していくことを確認した。

184

第13章　不適切な養育・虐待が疑われる家庭への支援

在宅支援を開始して半年が経過した頃，星也くんの登園時間が遅くなること
が増えていき，最近はすっかり休むようになってしまった。また，風真くんの
定期健診も未受診となっていたため，吉田保健師が何度か母親に連絡を取ろう
と試みたが，全く連絡が取れない状況が続いた。このような状況のため，市の
子ども家庭支援課が関係機関に呼びかけて要保護児童対策地域協議会の個別
ケース検討会議を開き，これまでの経過報告と支援内容の見直しを行った。

ひまわり保育所の森永園長からの報告は，大きく分けて次の3点であった。
1つ目は，母親の養育力や生活習慣に関する問題である。「子どもたちの寝る
時間は夜11時過ぎであり，そのため朝は起きられず登園できない様子。担任保
育士が星也くんを迎えに行き登園させることもあった」「星也くんは朝食を食
べていないこともあり，登園後におやつとお茶を与えることもある」「登園時
は父はすでに仕事に出ており，母親1人の養育能力では星也くんを登園させる
ことが難しいようである」とのことであった。2つ目は，星也くんの発達に関
する問題である。「発語が少なく，多動傾向がある。目的の物があるとそれし
か目に入らず突進していったり，昼食の時に椅子にじっと座っていられず立ち
歩いたり，自由遊びの時間には園庭で走り回ったり，遊びを転々と変えたりし
て落ち着きがない様子が見られる。母も星也くんの対応に苦慮しているのでは
ないかと思われる」とのことであった。3つ目は，支援に対する母親の拒否的
な態度についてである。「保育所の送り迎えの時も，星也くんのテンションが
上がって帰り道に危険なので，保育士が気をきかせて星也くんと手をつないで
家まで送っていった。そのことが母は気に入らなかったらしく，『他の家の子
にもそうするんですか？　うちの子だけ何で特別扱いするんですか？』という
ような反応であった」とのことであった。

また，保健センターの吉田保健師からは「関係機関が裏でつながっているこ
と，情報を共有していることに母はとても神経質になっている」「『監視してい
るんですか？』との言い方をすることもあった」とのことで，支援機関に対す
る不信感を抱きはじめているとの報告がなされた。

以上の報告から支援は順調に進んでいるとはいえないが，経過報告の中から

185

第Ⅲ部　事例で見る保育者の子育て支援

新たな課題やニーズも見えてきた。特に母親が関係機関に対して不信感を抱き，支援を拒否しはじめている状況は今後の支援展開を困難なものにしてしまう可能性が大きい。今後の対応として，一時保護解除の前提となった保育所利用等の支援の受け入れの意思確認を児童相談所が再度行いつつ，関係機関がそれぞれの役割分担のもと支援と見守りを継続していくことを確認した。同時に，母親が比較的心を開いて相談できる吉田保健師がキーパーソンとなってつながりを持ち続け，子どもの発育や家庭の状況の把握に努めることとなった。

　また，保育所への登園が再開されるようになると，母親の情緒不安定や拒否的な態度に振り回されたり，保育士が母親の代わりに星也くんの送迎をせざるを得ない場合があるなど，大きな負担がかかることも予想される。保育士の過重負担や疲弊を防ぐためにも子ども家庭支援課が協力・連携していくこと，そして場合によってはファミリーサポート（保育所の送迎や母が所用で外出する際の子どもの預かりなど）の活用も検討していくこととなった。

　さらに星也くんの行動面での多動傾向も気になる点であり，母親にとっての育て辛さや負担感につながっているため，時期をみて児童相談所の発達相談や教育委員会の就学相談の活用を父母に勧めていく。発達障害の疑いも考えられるため，父母が星也くんの発達状況や特性などを適切に理解し対応していけるよう支援することも今後の検討事項として挙げられた。

（4）　事例の考察

　一時保護を行い，子どもの安全を確保した方が，子どもへの危険を心配することなく虐待を行っている保護者への調査や指導を進めることができ，また一時的に子どもから離れることで，保護者も落ち着くことができたり，援助を開始する動機付けにつながる場合もある。事例でも一時保護の間に実施した保護者面談やケース検討会議が，子どもや家庭の状況把握と理解，課題やニーズに沿った支援の展開，関係機関の情報共有や連携を図っていく上で重要なものとなった。

　また多くの機関が関与するようなケースでは責任の所在が不明確になりがち

で，互いに援助の進捗状況が見えなくなってしまうことも少なくない。事例では市の子ども家庭支援課が主担当機関となってケースの進行管理（ケースマネジメント）をすることにより，関係機関の情報共有や役割分担を明確にしながら支援が展開されていた。

　結果的にこの事例では，近隣住民からのまなざしや関係機関の関与がマイナスの方向に働き，父母の対人関係の苦手さと相まって「監視されている」という意識を抱かせ，支援への拒否感につながってしまった。このように支援経過が望ましい方向に進まなかった場合でも，関係機関が集まってケースの見直しと新たな課題やニーズの確認を行い，意思統一を図りながら支援継続の方針を再確認している点は評価に値する。さらに，関係機関との関わりがすべて途切れてしまうという最悪の状況を避けるためにも，保健師がキーパーソンとなってつながりを持ち続けることを明確にしている点も見逃せない。このように虐待のケースでは一つの機関だけで対応していくのは難しく，関係機関の情報共有と連携が非常に重要である。

　また，保育所内でもケースカンファレンスによって支援体制や役割分担を確認し，随時情報共有しながら園全体で組織的な対応を図っている。すなわち担任保育士だけに負担がかからないよう主任保育士のフォローや保護者対応を園長が担う等，バックアップ体制が必要不可欠なのである。特に虐待に起因する発達障害特有の症状を示す子どもや信頼関係が築けず支援に拒否的な態度を示す保護者など，支援や対応が難しいケースも少なくない。そのような保護者から罵倒されたり，無視されたり，変化や改善がみられなかったりと，支援の成果が見えてこない状況に保育者は疲労感や無力感を経験することもあるだろう。このことからも，園内のバックアップ体制や他機関との連携が非常に重要となってくる。

　今後も虐待ケースが増えていくと，保育所としての判断や対応を迫られたり，他機関との情報共有と連携が必要とされる機会も多くなり，園長を中心とした支援のコーディネート力と組織力がますます求められるようになるだろう。また，他機関の立場や機能を理解し，支援の全体像を把握しながらチームの一員

第Ⅲ部　事例で見る保育者の子育て支援

としての役割を遂行していくことも求められる。

3　本章のまとめ

　本章では不適切な養育や虐待が疑われる家庭への支援として，2つの事例を取り上げて考察した。子育て支援において保育者に求められる基本的な知識・技術・態度および支援の基盤をなす価値や倫理を具体的にどのように実践に反映させていけばよいかを疑似体験的に学んだ。特にアセスメントやプランニング，ケースマネジメントや他機関・他職種との連携は，新任保育士がいきなり現場実践することは難しいと思われるが，主任保育士や園長の立場になったときのことも想定して意識的に学んでほしい内容である。

　また援助に際しては対象者への理解や受容が基本となるが，もう一方で援助者は自分自身にも向き合う作業が必要である。対象者に対して「理解しがたい」「受け入れがたい」という心理や，「親として，こうあるべきだ」「常識的にこうだ」という援助者側の価値観などが援助関係に影響を及ぼすことがある。さまざまな事例に触れることによって，そのような無意識の自分の世界を意識化し，見つめなおす作業（自己覚知）をしながら，現場実践を事前にシュミレーションしておくことも大切である。

```
──── さらに考えてみよう ────
① 保育所では，不適切な養育・虐待が疑われる家庭に対して，アセス
   メントがどのように実践されているのかを調べてみよう。その上で保
   育現場におけるアセスメントの意義，必要性，有効性，活用の難しさ
   などを自分なりに考えてみよう。
② 事例に登場する保護者に対して，あなたは「どのように感じたか」
   「どうしてそのように感じるか」を考えてみよう。また，友達と意見
   交換をしながら，感じ方・考え方の違いと共通点を比較してみよう。
```

注

(1) 市役所等の「子ども家庭支援課」などでは子育ての悩みや家庭内や学校での問題，子どもへの虐待等に関する相談窓口を設置している。2004（平成16）年の児童福祉法改正により，2005（平成17）年４月から，児童家庭相談に応じることが市区町村の業務として明確に規定され，市区町村は，子どもに関する各般の問題につき，家庭その他からの相談に応じ，子どもが有する問題又は真のニーズ，子どもの置かれた環境の状況等を的確に捉え，個々の子どもや家庭に最も効果的な援助を行い，もって子どもの福祉を図るとともにその権利を擁護することとなった。また虐待通告を受けた場合，市区町村も児童相談所と同様に「必要に応じ近隣住民，学校の教職員，児童福祉施設の職員その他の者の協力を得つつ，当該児童の安全の確認を行うための措置を講ずる」（児童虐待防止法第８条第１項）こととなっている。

(2) 児童福祉法第16条によると，民生委員は厚生労働大臣から委嘱され，それぞれの地域において常に住民の立場に立って相談に応じ，必要な援助を行い，社会福祉の増進に努める民間奉仕者のことであり，「児童委員」を兼ねる。児童委員は，地域の子どもたちが元気に安心して暮らせるよう子どもたちを見守り，子育て不安や妊娠中の心配事の相談・支援等を行う。また一部の児童委員は児童に関することを専門的に担当する「主任児童委員」の指名を受ける。

参考文献

相澤仁編集代表，宮島清編『家族支援と子育て支援——ファミリーソーシャルワークの方法と実践』明石書店，2013年。

伊藤嘉余子『子どもと社会の未来を拓く——保育相談支援』青踏社，2013年。

小川衛子「児童相談所と市町村児童家庭相談窓口との連携」『子どもと福祉』2，明石書店，2009年，66-71頁。

小原敏郎・橋本好市・三浦主博編『演習・保育と保護者への支援——保育相談支援』みらい，2016年。

笠師千恵・小橋明子『相談援助・保育相談支援』中山書店，2014年。

柏崎市『子ども虐待防止・対応マニュアル 平成30年４月改訂版』（https://www.city.kashiwazaki.lg.jp/katei/kenko/kosodate/sodan/manyuaru.html）。

柏女霊峰監修，橋本真紀・西村真実編著『保護者支援スキルアップ講座』ひかりのくに，2010年，77頁。

喜多祐荘・小林理編著『よくわかるファミリーソーシャルワーク』ミネルヴァ書房，2006年。

厚生労働省『子ども虐待対応の手引き（平成25年８月改正版）』（https://www.mhlw.go.jp/seisakunitsuite/bunya/kodomo/kodomo_kosodate/dv/130823-01.html）。

第Ⅲ部　事例で見る保育者の子育て支援

志村浩二「市町村における児童家庭相談の実態と今後の課題——亀山市子ども総合支援
　　室の取り組みを参考に」『子どもと福祉』2，明石書店，2009年，72-78頁。

内閣府・文部科学省・厚生労働省『平成29年告示　幼稚園教育要領　保育所保育指針
　　幼保連携型認定こども園教育・保育要領〈原本〉』チャイルド本社，2017年。

橋本好市・直島正樹編著『保育実践に求められるソーシャルワーク——子どもと保護者
　　のための相談援助・保育相談支援』ミネルヴァ書房，2012年。

長谷川眞人・神戸賢次・小川英彦編著『子どもの援助と子育て支援——児童福祉の事例
　　研究』ミネルヴァ書房，2004年。

畠中宗一編『育児・子育てのなかの家族支援』（現代のエスプリ）至文堂，2007年。

春原由紀・土屋葉　『保育者は幼児虐待にどうかかわるか——実態調査にみる苦悩と対
　　応』大月書店，2004年。

増沢高『事例で学ぶ社会的養護児童のアセスメント——子どもの視点で考え，適切な支
　　援を見出すために』明石書店，2011年。

<table>
<tr><td>第14章</td><td>多様な支援ニーズを抱える子育て家庭
への支援</td></tr>
</table>

―― 学びのポイント ――

　近年，家庭や地域の子育て機能が低下するなかで，保育所は子どもの身体的・精神的成長を支援し，社会生活における人との関わり方等を学ぶ場所として，ますますその役割が重要となっている。また，子育てを担う保護者や家庭は，経済的困窮をはじめ，多様で複合的な支援ニーズを抱えていることも多く，その状況が子どもの成長に大きく影響するため，保育所は保護者や家庭全体に対する子育て支援を行うことも今後さらに求められる。

　このような背景から，保育所は子どもだけに集中するのではなく，保護者や家庭の抱えている生活・子育ての課題を具体的に把握し，保育所だけでなくその家庭が関わっている関係機関や地域との連携・協働によって，家庭の子育てが機能するよう支援することが重要といえる。以上のことから，学びのポイントは，以下の3点にまとめることができる。

　　①　子育てを担う保護者，家庭の多様で複合的なニーズを把握する重要性を学ぶ。
　　②　子どもの貧困が子どもの成長にどのように影響するのかを学ぶ。
　　③　地域の社会資源と連携・協働しながら，子どもだけでなく保護者支援を行う
　　　必要性を学ぶ。

1　中学校担任との協働による弟たちの保育所への入所

（1）　事例のねらい

　本事例は，保育所に入所が必要な子どもの支援と，その姉や保護者の支援を教育機関との連携によって解決した一例である。この事例のねらいは，子どもに対するネグレクトなどは，その子どもの状態からだけ発見されるだけでなく，子どもの周囲の問題として捉えられている事柄からも見つけられることがあり，複雑な家庭の問題を一つひとつ丁寧に解きほぐすことの重要性を理解する点で

第Ⅲ部　事例で見る保育者の子育て支援

ある。また，子どもとその家族を取り巻く地域の関係機関や組織などの社会資源との連携の必要性を理解することも重要な点である。

（2）　事例の概要

　加奈子さん（13歳），芳樹くん（4歳），正人くん（2歳），父親・母親の5人家族である。加奈子さんは，A中学校1年生で，大人しい性格であったが，クラスでは小学校からの友達と仲良くしている。中学校入学後から欠席が続いたため，担任の糸川先生が家庭訪問したところ，弟たち（芳樹くん4歳，正人くん2歳）の世話をするために加奈子さんが中学校に登校できないという事情を知る。加奈子さん，芳樹くん，正人くんの母親は子どもをかわいがってはいるが，弟たちの世話を加奈子さんに任せきりで，そのことについてあまり疑問を抱いていない。また，両親は生活費を管理するなどの生活能力がなく，父親は働いているが自分で給料の大部分を使ってしまい，母親は常に手元にお金がない状況で，生活面や衛生面の問題も多い。また，近所づきあいもほとんどない状況であった。

　加奈子さんの担任である糸川先生が母親にきょうだいの保育所入所手続きの支援を行ったことで，芳樹くん，正人くんはB保育所に入所することが可能となり，梶山保育士が担任となった。そして，梶山保育士は，母親に対して家庭訪問などを積極的に実施することで，母親の子育て支援や家族の生活状況の改善の支援を行った結果，加奈子さんも中学校へ通うことができるようになり，家族の生活環境も良い方向へ変化していった。

（3）　事例の展開

　加奈子さんは，A中学校に入学した直後から欠席が続くため，担任の糸山先生は家庭訪問を実施した。加奈子さんの自宅へ訪問すると，加奈子さんの母親祥子さんが明るく出迎えてくれた。部屋にはテレビを見ていた加奈子さんとその弟たち（芳樹くん，正人くん）がおり，加奈子さんはこちらを振り返り「こんにちは」と挨拶してくれた。母親に案内された台所のテーブルには食べかけの

192

お菓子やパンが散乱し，カップ麺などのごみもそのままの状態であった。また，テレビの前には布団が引きっぱなしで，テレビの横には乾いた洗濯物が積み上げられていた。母親は「片づけができない性格で」と言いながら，テーブルの上のものを少し横に寄せた。

そして，糸山先生は，「加奈子さんが中学校を欠席していることを心配している」と母親に話をすると，母親は「下の子どもたちの世話を加奈子に手伝ってもらっている」と話をしてくれた。糸山先生は，芳樹くんや正人くんは保育所に通っているのかと母親に尋ねると，母親は「お金もないし，手続きもわからないし，加奈子が手伝ってくれるから保育所へは行っていない」と言う。母親は，「加奈子は中学校に行った方がよいと思うが，加奈子も弟たちの世話をしてくれるというので」と話した。父親は仕事からまだ帰っていなかったが，父親が加奈子さんの中学校欠席をどう思っているか母親に聞くと，「夫は家に帰ってもお酒ばかり飲んで，どう思っているかなんて聞いたことはない」と話した。

そこで，糸山先生は母親に，誰か加奈子さん以外に子育てを手伝ってくれる人がいないのかを尋ねたが，加奈子さんの祖父母とも遠方におり，連絡もあまりとっていない状況であること，近所づきあいもほとんどないということであった。そして，糸山先生は，加奈子さんの気持ちも聞きたかったため，帰るときに加奈子さんに見送ってもらうことにした。歩きながら，糸山先生は加奈子さんに中学校を欠席していることについて気持ちを尋ねたところ，加奈子さんは「中学校へは行きたいけど両親が弟たちの面倒をみないので，私が代わりに面倒みないといけない」と言う。そして，「中学校を卒業したら家を出たい」と話してくれた。

その後も，加奈子さんは中学校を欠席したため，2週間後，再び糸山先生は家庭訪問を実施した。このときも母親は笑顔で迎えてくれたが，家の中は相変わらず乱れた状態だった。糸山先生は，加奈子さんの将来を考えて，やはり中学校へ登校してほしいと母親に訴えた。母親は「加奈子が中学校に行きたいなら行ってくれてもよいのだけど，下の子どもたちの世話を加奈子がしてくれる

第Ⅲ部　事例で見る保育者の子育て支援

というから」という返事だった。そこで，糸山先生は母親に「もし保育所の手
続き方法がわかり，手続きができれば弟たちを保育所に入れる気持ちがありま
すか」を尋ねると，母親は「保育所に入れるなら通わせたい」という希望を伝
えた。また，糸山先生は加奈子さんを呼んで，「お母さんが弟たちを保育所に
預けてもいいと言っているので，もし保育所に弟たちが通えたら，加奈子さん
も中学校に登校してね」と伝えた。そこで，糸山先生は母親に保育所入所手続
きを一緒に行うこと提案した。母親は「市役所とか手続きとか苦手だけど，先
生が一緒にやってくれるなら」ということで了承した。そして，糸山先生は加
奈子さんを中学校に登校させるため，母親に保育所入所手続きの支援を行い，
芳樹くん，正人くんはＢ保育所に入所することが可能となった。

　梶山保育士が芳樹くん，正人くんを初めてみた時，2人はお風呂にも全く
入っていないからか，垢にまみれた状態であった。そのため，入所後1週間ほ
どは，毎日，登園してきた芳樹くん，正人くんの体を保育所のシャワーできれ
いにすることから始まった。保育所への送迎も初めは主に加奈子さんが行って
いたが，加奈子さんが朝に送ることができない時は，保育士が自宅まで迎えに
行き，保育所を休まないように配慮した。このような状況が続いて1カ月くら
い経った頃から，芳樹くん，正人くんの送迎を母親が時々行うようになってき
た。そこで母親が送ってきた際に，梶山保育士は，「お母さん，せめて2～3
日に1回はお風呂に入れてあげてね。子どもも小さい体だけど，汗とかで汚れ
るからね」と母親に助言した。母親は「2人も小さい子どもいるし，お風呂と
か邪魔くさくてー。私もあまり入らないからいいかなと思った。でも，お風呂
入れるようにするわ」と話ししてくれた。

　母親は送迎を時々行い保育士とも顔見知りになってきたこともあって，この
話をきっかけに梶山保育士に話しかけてくるようになった。あわせて，月1～
2回の家庭訪問を実施したことで，家庭の状況がつかめるだけでなく，母親自
身の話も進んでしてくれるようになり，保育士と母親との信頼関係が少しずつ
でき上がっていった。

　また，保育所入所時の母親の話や保育士の家庭訪問から，この家族は生活面

でも大きな問題を抱えていた。例えば，父親が給料の大部分を使い果たすため，十分な生活費がないことがわかった。ただ，その後の母親とのやりとりから，父親だけが散財するわけではなく，母親も父親と同様，もらった生活費をすぐに使い果たしていたことも把握できた。あるとき，送迎の際に母親が「このバッグ，買ったのよー」と嬉しそうに梶山保育士に見せた。その時，梶山保育士は「いいバッグですね」と言うと，母親は「こないだ夫にもらったお金で買ったら，生活するお金なくなった」と明るく話した。そこで，梶山保育士は，1週間のお金の使い方や生活費のやりくりの仕方などを，母親に根気よく伝えた。母親は生活するためのお金の使い方がわかっていなかったため，その助言が必要だったのである。

　また，生活費の使い方を理解していなかったため，お金を手にしたらすぐに使い果たしているだけでなく，母親は子どもの食事の準備を面倒だと思っていた。そのため，子どもは，母親が買ってくるお菓子やパンなどで食事を済ますことも多かった。また，芳樹くん，正人くんは保育所に通い出した時，朝から何も食べていない状況が続いたため，梶山保育士は芳樹くん，正人くんが登園すると果物などを与えていた。そこで，家庭訪問を実施した際に，「子どもは体が小さいし，おなかがすいていると午前中に元気がでないから，朝起きたら何か食べさせてあげて」と生活面での助言も行った。

　このように，送迎時の母親とのやり取りや家庭訪問の実施によって，子どもの食事や入浴することをお願いし，食生活や衛生環境の重要性を伝え，いつでも保育士に相談することができるという意識を母親に与えることに成功した。そして，お金の使い方や生活費の割り振りなども助言することで，少しずつ生活環境が整いはじめ，加奈子さんも中学校へ登校を再開し，芳樹くん，正人くんの生活状況も少しずつ改善された。

（4）　事例の考察

　この事例は，姉の中学校担任が姉の不登校問題に対応しようとした際，弟たちのネグレクトが発見され，姉の問題の解決に向けた一つの支援として，弟た

第Ⅲ部　事例で見る保育者の子育て支援

ちの保育所入所に対して姉の通う教育機関が積極的に関わり，保育所と連携をとった事例である。子どもや家庭の状態は，色々な視点から把握することができ，その家族にとってどの社会資源や専門職が重要な役割と果たすかは，その時々によって異なる。そのため，保育者が地域にある社会資源を把握し連携の重要性を認識することが重要である。また，児童相談所や子育て支援センター，要保護児童対策地域協議会などの子ども支援関係機関だけでなく，福祉事務所や教育機関など地域の関係機関も含めて理解し，積極的に連携を図ることが求められる。

　また，保育者が母親の子育てだけでなく，その基盤となる生活をどのように作り上げるべきか，その方法を助言し，生活全体の底上げをはかった事例でもある。母親は生活力能力がなく，生活面・衛生面においても子どもの過ごす環境は十分なものではなかった。そのため保育者が，保護者の養育意識を形成し，生活基盤の改善に向けた助言・指導を行うことは，この家庭において重要な役割を果たすものであった。

　保護者に対する子育て支援においては，「保護者の対する子育て支援を行う際には，各地域や家庭の実態等を踏まえるとともに，保護者の気持ちを受け止め，相互の信頼関係を基本に，保護者の自己決定を尊重すること」と「保育所保育指針」にも示されている。保護者への子育てに対する助言・指導においても，保育者と保護者の信頼関係を基礎とした上で成り立つものであるため，保護者をありのまま受容し，日頃から保護者とのとの関係性の構築を行う必要がある。

2　保護者からの SOS に基づく保護者間トラブルの予防

（1）　事例のねらい

　本事例は，元夫の再婚相手の子どもが同じ保育所に入所することになった際に，母親からの SOS を保育者が気づき，子育て支援と保護者同士のトラブルの防止に成功した一例である。この事例のねらいは，保護者個々人が抱える課

196

第14章　多様な支援ニーズを抱える子育て家庭への支援

題を保育者が把握し，保護者同士のトラブルに対応し防止することができるかということがポイントである。また，保育所が子どもだけでなく，生活上の解決すべきニーズを抱えた保護者の SOS をどのように気づくのかといったことも重要な点である。

（2）　事例の概要

　明人くん（4歳），桜ちゃん（10歳），由香里さん（母親・32歳）の 3 人家族である。由香里さんは，精神疾患を抱え，生活保護受給中である。明人くんの父親である省吾さん（33歳）とは離婚しており，明人くんと桜ちゃんは異父姉弟である。由香里さんは，人が多く集まる場所では息苦しくなり，保育所の行事などに参加できない状況であった。また，子どもたちとの生活では，由香里さんの気分が良い時は安定した関わりができるが，気持ちが沈んだ時には，食事も作れない状況となるなどの生活課題を抱えていた。そこで，横谷保育士は由香里さんが子どもの成長を実感し，養育意識が継続できるよう，行事の予行練習見学など促す配慮を行った。

　また由香里さんは，省吾さんからの DV が原因で離婚しているが，離婚後も省吾さんは明人くんを可愛がり，週末は自宅へ泊めることもあった。しかし，その後，省吾さんは再婚して再婚相手の息子（拓也くん・3歳）も明人くんの入所している保育所に入所することになった。

　ある時，由香里さんは省吾さんの再婚相手と明人くんの送迎の際に出くわし，横谷保育士の前でパニック症状を起こした。横谷保育士は，由香里さんからの SOS に気づき，送迎の際などには出会わないよう配慮を行うことで保護者間トラブルの防止に成功した。

（3）　事例の展開

　由香里さんは，桜ちゃんの子育ての時から，人混みや保護者がたくさん集まる場所では息が苦しくなり，保護者会だけでなく子どもの運動会や音楽祭にも出席できない状況でもあった。そこで，保護者会での内容を保育士が個別に伝

197

える，子ども同士のけんかのトラブルにも保護者同士の話し合いだけでなく担任も参加して行うなど，保護者間トラブルへ発展しないように気を配った。

また，運動会や音楽祭にはその予行練習を見学できる配慮を行うことで，保育士と由香里さんの信頼関係を構築し，子どもの保育所での様子や成長を感じてもらうことで，母親の養育意識の継続や親子関係の改善に努めた。桜ちゃんの子育て支援で構築された保育所と由香里さんとの良好な関係が基盤となり，明人くんの子育て支援も同様の形で順調に行われていた。保育所・保育士と由香里さんの良好な関係は，小学校に行くようになった卒園生である桜ちゃんが小学校でもトラブルを起こし，小学校から呼び出されていることを由香里さんが保育士に話したことからも十分わかる。小学校から呼び出されたことを由香里さんから聞いた横谷保育士は，「一人で抱えていないで，相談においで」と由香里さんのSOSに気づき声かけを行った。由香里さんがその後相談に来たが，問題はほぼ解決されており，話を聞いてほしいという気持ちが強かったことがわかり，丁寧に話を聞くことにした。

また，この姉弟はそれぞれ父親が違い，省吾さん（明人くんの父親）は由香里さんと離婚してからも明人くんを可愛がり，週末は明人くんを保育所へ迎えに来て自宅に泊めるなど良好な親子関係を築いていた。しかし，その後，省吾さんが再婚したことで，明人くんを週末自宅に泊めることもなくなった。さらに隣町から再婚相手が引っ越し省吾さんと同居することになり，再婚相手の子ども拓也くん（4歳・連れ子）もこの保育所に入所することになった。

そして，由香里さんは明人くんを保育所へ送迎した際に，省吾さんの再婚相手とばったりと出会い，パニック症状を起こしてしまった。保護者間のトラブルには発展しなかったが，由香里さんは，最初，横谷保育士の前でかなり取り乱し動揺していたため，ゆっくりと時間をかけて落ち着いてもらった。由香里さんはすぐに激高することもあったが，話をしっかり丁寧に説明すると理解してくれることもわかっていたので，由香里さんが落ち着いてから話を聞くことにした。なぜパニック症状が引き起こされたのかについては，由香里さんは省吾さんからDVを受けていたこともあって，省吾さんの再婚相手と会うこと

で省吾さんの姿やそのつらい出来事を思い出してしまうとのことであった。

　横谷保育士は，省吾さんの再婚相手の子どもがこの保育所に転所しこれから同じ保育所に通うことを伝え，今後どうしたいのか由香里さんに尋ねた。由香里さんからは今後，送迎の際などに省吾さんの再婚相手とは絶対会いたくないとの要望があった。そのため，保育所は由香里さんの要望を聞き入れ，子どもの送迎の際には保育士が時間を見計らうなどして省吾さんの再婚相手と由香里さんが会わないよう配慮した。その結果，由香里さんも落ち着きを取り戻し，体調不良も改善されてきた。

（4）　事例の考察

　保育所はそれぞれの子どもの生活を個別に支援しているだけでなく，子どもが集団の中で人との関わりを学ぶ場所でもある。一方で，その子どもを養育する親にとっても，複雑な家庭事情を抱えている中で保護者同士が関わりを持つ機会が多くあり，保護者の精神的な不安や保護者同士の関係性の問題から，保護者同士のつながりを作り出すことが難しい状況も起こってくる。保育所での子どもの成長を共に支えるためには，保護者同士の協力も必要であるが，保育士は，それぞれの子どもの状況だけでなく，保護者の精神状態やその支援する内容，保護者同士との関係性も理解した上で，子育ての担い手である保護者に対して支援する必要がある。

　また，本事例のように，保育所を卒園しても，保護者の子育ては続くため，子どもを地域全体で支援することが求められている。これまで培った信頼関係を基に，保育者が保護者の子育てを支援するという視点は非常に重要である。

　さらに，近年，ひとり親家庭が増えており，経済的困窮を抱えた家庭も多い。この事例では福祉事務所のソーシャルワーカーとの連携は行われなかったが，保護者との接点をもつ他の関係機関や専門職との連携・協働も場合によっては必要であろう。また，生活保護制度を受給している家庭も多いため，保育者も生活を支える社会保障・社会福祉制度などについて幅広く理解しておく必要がある。

第Ⅲ部　事例で見る保育者の子育て支援

3　保護者からの度重なる苦情への対応

（1）　事例のねらい

　本事例は，保護者からの度重なる長時間の苦情に保育者が対応した一例である。この事例のねらいは，保護者からの苦情対応について保育者が1人で抱え込まず，複数で協力しながらどのように対応するべきか，また保護者やその子どもと時間をかけて丁寧に対応することの大切さを理解することである。

（2）　事例の概要

　鈴木浩二さん（父親・35歳），道子さん（母親・34歳），広志くん（4歳），菜々美ちゃん（3歳）の4人家族である。広志くん，菜々美ちゃんが近隣のA保育所に入所中に，両親からの保育士への度重なる苦情がトラブルに発展したため，B保育所へ転所してきた。転所先でのB保育所入所時に，保護者会があること，会費を徴収することを説明したが，後日，会費を徴収する際に，山門保育士（B保育所の保育士で，広志くんの担任）に対して電話で「会費がいると聞いていない，訴える」と苦情を伝えてきたため，長時間にわたって再度説明した。翌日，改めて所長が保護者会と会費の説明を行っても，会費を払うことを拒否し，結局は保護者会へは未加入となった。

　また，「子どもが『山門先生が広志の悪口をみんなの前で言った』と言っている」など，母親が保育士に対する不満を電話で長時間訴えるということが繰り返し行われた。子ども同士のケンカにおいても，「自分の子どもは悪くない」と母親が何度も保育所へ苦情を伝えるため保護者間トラブルも多かった。母親に丁寧に説明し納得してもらっても，帰宅した父親が苦情の電話をかけてくるという繰り返しで，山門保育士だけでは対応しきれないため，先輩の保育士である内村保育士やそのほかの保育士も交代で関わり，複数の保育士で苦情に対応する体制をとった。一方で，問題行動の多かった広志くんに対しても，広志くんの気持ちをゆっくり聞くことで広志くんが落ち着くため，他の保育士と協

200

第14章　多様な支援ニーズを抱える子育て家庭への支援

力しながら時間をかけて対応した。担任だけでなく保育士が複数で根気よく対応し続けたことで，その後も，苦情はなくならなかったが回数は減少し，無事に2人とも卒園した。

（3）　事例の展開

　隣区のA保育所で，保護者である鈴木夫婦からの保育士への度重なる苦情がトラブルに発展し，子ども2人（広志くん4歳，菜々美ちゃん3歳）がB保育所へ転所してきた。B保育所への入所時に，両親にはこの保育所には保護者会があること，保護者会では会費を徴収すること，その会費の金額を説明した。しかし，後日，会費を徴収しようとした際に，母親から電話で「会費がいるという説明を聞いていない，訴える」と苦情が寄せられる。電話で苦情に対応した担任の山門保育士は，何度も所長を電話口に出すように保護者から言われたが，所長が不在だったため先輩の保育士である内村保育士が交代して電話応対にあたった。

　しかし，いくら，内村保育士が，保護者会があり会費を徴収することを説明しても，「前の保育所では保護者会はなかった」「なんで会費がいるのか」と2時間ほど言われ続けた。そして，翌日も母親から電話があり，改めて所長が保護者会やその会費について何度も長時間にわたって説明したが，「うちは保護者会に入らない，会費も支払わない」と保護者会への参加・会費支払いを拒否したため，保護者会へは未加入という結果となった。保護者会へ未加入だという状態は当然，他の保護者にも伝わり，他の保護者ともあまり関わりを持たない状況となった。

　その後も，子どもが保育所から家に帰った時に「山門先生が広志の悪口をみんなに言っている」などと子どもが言ったことを信じ，「子どもがクラスになじめないのは担任のせいだ」と母親から長時間にわたる電話での苦情を山門保育士が受けた。またある時は，広志くんが友達とケンカしたことを母親に伝えると，「自分の子どもは悪くない」といって何度も苦情を保育所へ伝えてくるため，保護者間のトラブルも多かった。苦情への対応は，担任の山門保育士だ

201

けでは行えないため，内村保育士も話に加わった。そして，母親に丁寧に説明すると納得してくれるが，母親が保育所での話を帰宅した父親に話すと，今度は父親が激高しながら保育所へ苦情の電話をかけてくるため，また母親に説明した内容と同じことを丁寧に説明すると父親も納得してくれる。そして，夫婦で保育所に苦情を言った次の日も，何事もなかったように保育所へ子どもを送迎し他の保育士と接するが，またすぐに他の内容で保育所に苦情を伝え，保育士が丁寧に説明して納得するということが繰り返されるという状態であった。

　その他にも，朝，子どもを送った時に，「先生が挨拶しなかった」「あの先生は，私のことを嫌っている」など，保育士に対する不満なども含め，月2回は必ず苦情を保育所に伝え，常に2時間はその対応に保育士が追われる状況であったが，山門保育士，内村保育士だけでなく多くの保育士が交代しながら対応し，保護者の苦情を対応する体制をとった。子どもに対しても，保育所に迎えに来ない日もあり，遅くまで保育所で預かっていた時もあった。

　両親の行動の影響からか，広志くんも友達とのトラブルが多く，言うことを聞かないことが多々あったが，山門保育士は，ゆっくりと広志くんの気持ちを聞くことで広志くんが落ち着くため，他の保育士と協力しながら時間をかけて対応した。保育所だけでなく，地域での関わりにおいても苦情を何度もいうため近所づきあいもなく，保育所と保育士が唯一この両親との関係を維持している状況であった。

　このように，担任だけでなく保育士が複数で根気よく対応し続けたことで，母親から「自分は発達障害があるから強いこだわりがあり，なんでも夫に聞かないとわからない」「自分の母親（広志くんの祖母）との関係性も悪い，愛されていない」といった気持ちも打ち明けられるようになった。その後も，苦情はなくならなかったが回数は減少し，無事に2人とも卒園した。

（4）　事例の考察

　この事例では，保護者からの長時間の苦情が度々行われたことに対して，保育者が協力して対応したことが重要である。担任の保育者が子どもや保護者の

第14章　多様な支援ニーズを抱える子育て家庭への支援

問題を１人で抱え込んでしまうことで，対応が遅れ問題がさらに大きくなることもある。また，この事例のように，長時間，何度も苦情が寄せられることで，保育者自身が精神的な負担を抱えてしまうこともある。そのため，保育者同士が情報を共有し，お互いに協力・分担しながら対応することで保育者の負担も減り，苦情に対する対応も余裕をもって行うことができる。これは，保育者不足の問題とも関係しており，国の積極的な対応が求められる。

そして，この事例での保護者は，近隣や地域とのつながりも希薄で，保育所が唯一の外部とのつながりという状況であった。そのため，地域から家族を孤立させないためにも，保育所や保育者の関わりが重要であり，保育所は子どもや家族の変化をいち早く気づくことができる役割を担っているともいえよう。

4　保育所・地域の連携による母親の再犯防止の見守りと親子関係の改善

（1）　事例のねらい

本事例は，保育所と地域が連携して母親の再犯防止を見守り，親子関係が改善した一例である。この事例のねらいは，保育所がどのように親子関係を作るための支援を行ったのか，また保育者が保護者に子どもとの関わり方をどのように助言したかという点である。そして，母親の社会復帰を支援するため，保育所や保育者とともに，地域の社会資源からの支援によって，親子の地域での生活支援が可能になった点を学ぶことである。

（2）　事例の概要

敦子さん（25歳）と翔太くん（２歳）の母子世帯である。翔太くんの父親は行方不明である。翔太くんを出産してすぐ敦子さんが薬物使用で逮捕（初犯）されたため，翔太くんは乳児院で育てられた。敦子さんは治療のため入院したが，退院後は乳児院から子ども翔太くんを引き取り，一緒に住みたいという希望を持っていた。退院後，敦子さんが翔太くんと一緒に生活するためには保育

203

所への入所が条件とされ，翔太くんはA保育所へ通うこととなった。

　2歳になった翔太くんは突然，再び母親と生活することになったため，試し行動が多く見られるようになったが，敦子さんもこれまで子育て経験がないため，どうしたらよいかわからない状況であった。そのため，翔太くんの担任である早乙女保育士は，翔太くんの自宅での状況を敦子さんからよく聞くように心がけ，試し行動が起こったときには，敦子さんとともに考え，翔太くんの気持ちがわかるように敦子さんに助言した。また，敦子さんに保育所で翔太くんと保育士の関わりを見て母親としての役割を理解する機会を設け，敦子さんの再犯防止や生活上の困りごとを把握するため月1〜2回の家庭訪問を行った。

　そして，敦子さんと翔太くんは，地域とのつながりがない新しい地域で生活することになったが，A保育所は地域とのつながりも強く，子育て支援センターの担当者，地域の児童委員，自治会長の協力を得て，情報交換を行いながら，地域ぐるみで見守り支援を行うことが可能となった。

（3）　事例の展開

　翔太くんを出産してすぐ，薬物使用で母親敦子さんが逮捕されたため，翔太くんは乳児院で育てられることとなった。翔太くんの父親は行方不明。敦子さんは自らの両親や親戚とは疎遠で敦子さんを支えてくれる人は誰もいない状況であった。その後，敦子さんは治療のため入院したが，退院後，子どもの翔太くんを引き取り一緒に住みたいと希望した。その時，翔太くんは2歳となっていた。

　敦子さんは，生活保護を受給しながら，翔太くんと生活していくことになったが，その際必ず翔太くんを保育所へ入所させることが条件であったため，翔太くんはA保育所へ入所することになった。保育所へ入所するのは，突然，知らない女性が母親だと言って登場し，また生活する場所が変わることによって，翔太くんの不安が大きくなることが予想される，これまで子育ての経験もなく，産んですぐ翔太くんと離れ2歳まで育てていない敦子さんが母親の役割をいきなり果たすことは難しい，新しく生活基盤を作り始めることによるストレスか

らの再犯防止，といった理由からである。

　2歳になってから突然母親と同居するようになった翔太くんは，急に暴れる，床をよごすなどの試し行動が多くなった。敦子さんは，翔太くんがどうして自分を困らせる行動をするのかがわからないため，どう対応してよいのか困っていることも多くあった。担任の早乙女保育士は，翔太くんがどのような生活を送っているかを，常に母親の敦子さんから聞くように心がけた。そして，翔太くんの試し行動が起こった時には，なぜ翔太くんがこのような行動にでているのかを，敦子さんと一緒に考え，丁寧に話を聞き，母親の気持ちを理解しながら，翔太くんの気持ちがわかるように助言した。

　ある時には，早乙女保育士が保育所へ登園した敦子さんと翔太くんをみて，保育所への送迎の際には手をつないでくることを提案したり，敦子さんには少しでも翔太くんの様子を知ってもらおうと保育参観以外にも保育所への来所を促したりもした。早乙女保育士は，翔太くんの様子や翔太くんと保育士との関わりを敦子さんにみてもらうことで，母親としての役割を認識してもらい，親子関係が深められるよう配慮したのである。また，早乙女保育士は所長とともに，月1〜2回は家庭訪問することで，生活状況や変化を把握し，敦子さんの再犯防止や生活上の困りごとを把握するように努めた。このように，保育所では，翔太くんの養育支援，親子関係の構築支援，敦子さんの再犯防止と社会復帰支援を行った。

　また敦子さんは，新しい場所で生活を始めたため，地域とのつながりもなく，支援してくれる家族もいなかった。しかし，翔太くんの通う保育所は，地域との関係が強く，この親子を地域で受け入れる体制が整った場所であった。そのため，子育て支援センターの担当者，地域の児童委員，自治会長の協力を得て，情報交換を行いながら，地域ぐるみで見守り支援を行うことが可能となった。また，生活に必要な住宅の確保やその後の母親の就労支援がうまくいったことも重要であった。その結果，1年かけて親子関係が密になり，再犯も防止することができた。

第Ⅲ部　事例で見る保育者の子育て支援

（4）　事例の考察

　本事例では，保護者が生まれてすぐ子どもと離れ，親子関係が構築できな
かった状態の下で，住居や就労など生活支援を地域で受けながら，子どもを養
育し，社会復帰するという一例である。子どもの成長には，保護者の生活基盤
の安定が必要であり，今回のように住宅の確保や就労支援を行いながら，保育
所とともに子どもの成長と母親の再犯防止を地域で見守る体制を取れたことが，
非常に重要な点である。

　また親子関係を構築するにあたって，子どもの状態を把握しながら，母親が
子どもとの関わり方を保育者から学ぶ支援も保育所は担った。保護者は出産し
てすぐ子どもと離れたため，親としての自覚を促すことも重要であった。その
ため，保育所は保育者の助言や保育所への参観などを増やすことで，子どもが
どのように日常生活を過ごすことがよいのかを理解してもらうように努めてい
る。子どもの試し行動も保育者の助言がなければ，保護者が子どもとの関係性
を構築する上で乗り越えるには非常に高い壁であったであろう。このように，
保育者が子どもを深く理解する視点を伝えたり，その実践方法を伝えたりする
ことも，保護者の子育て支援に対して保育者の重要な役割といえる。

　また，この事例では，保護者が自らの保護者や親戚との関係が希薄な中で，
保護者の抱えている悩みを保育所だけでなく地域全体で支援できたことが，保
護者の再犯防止につながり，子どもとの関係性の構築にも役立ったといえよう。
そのため，保育所や保育者は問題を抱え込むのではなく，地域の社会資源がも
つ機能を理解し，連携や協働を常に意識しながら支援することが必要である。

5　本章のまとめ

　「保育所保育士指針」にもあるように，「保育所は入所する子どもを保育する
とともに，家庭や地域の様々な社会資源との連携を図りながら，入所する子ど
もの保護者に対する支援及び地域の子育て家庭に対する支援等を行う役割」を
担っている。特に経済的困窮をはじめ，多様で複雑な支援ニーズを抱えている

第14章　多様な支援ニーズを抱える子育て家庭への支援

子どもや保護者に対して，特に気を付けておくべき点を簡単にまとめておく。

　第1に，特に多様で複雑な支援ニーズを抱えている子どもや保護者に対しては，子どもだけに注目するのではなく，子どもの背景に存在する保護者や家庭の状況を把握することが重要である。それは，ストレス等を抱える保護者の状態やその家庭に起こっている生活問題が，子どもの言動や成長に大きな影響を与えるからである。そして，支援を行う際には，子ども一人ひとりに対してしっかりと向き合うことだけでなく，子育てを担う保護者や家庭とも向き合い，子どもと同様に「保護者の子育て」支援も保育所が行うべき支援であり，今後さらにその必要性は高まるであろう。

　第2に，子育てを担う保護者の支援を行う際には，保護者とのコミュニケーションを大切にし，信頼関係を築くことが重要である。保護者も個々の状況があるため，保育者には保護者一人ひとりを尊重しつつ，ありのままを受け止める受容的態度が求められる。そして，保護者が安心して相談することができる関係づくりが必要である。この信頼関係を基礎とした上で，日頃から保護者とのコミュニケーションを密にとることで，子どもや保護者の小さな変化にも気づくことができ，早期の問題解決が可能となるのである。

　第3に，子育て支援における社会保障・社会福祉制度の理解と地域の社会資源との連携・協働の重要性である。地域には，保育所だけでなく子育て支援センターや児童相談所などの子どもや保護者をサポートする機関，また福祉事務所等の福祉関係機関や教育施設，さらには地域を基盤とした活動団体や経験豊かな人材が存在している。地域に存在するさまざまな社会資源との連携・協働によって，子どもや保護者を多面的に重層的に支援することが可能となり，また地域の養育機能の低下を防ぎ，再構築することも可能となるだろう。そのためには，子どもに関わる社会福祉制度だけでなく，生活全体を支援する生活保護制度などの社会保障制度についても，理解を深め情報を収集しておく必要がある。なによりも，保育者や保育所だけで問題を抱え込むということではなく，多くの専門職や地域の力を活用することで，多様な解決策が導き出せることを覚えておく必要がある。

第Ⅲ部　事例で見る保育者の子育て支援

```
──── さらに考えてみよう ────

① 子どもの貧困についてその背景や現状の問題点等について考えてみ
  よう。
② 多様なニーズを抱える子育て家庭に対して今の自分にできること
  （できないこと），保育者になった後にできること（できないこと）を考
  えてみよう。
```

参考文献

阿部彩『子どもの貧困』岩波新書，2008年。

五十嵐隆ほか「いま，子どもの貧困を考える」『発達』151，ミネルヴァ書房，2017年。

G. ルドヴィクァ，K. スチュワート，J. ウォルドフォーゲル編／山野良一・中西さやか
　　監訳『保育政策の国際比較──子どもの貧困・不平等に世界の保育はどう向き合っ
　　ているか』明石書店，2018年。

宮武正明『絆を伝えるソーシャルワーク入門──社会福祉・児童家庭福祉・相談援助の
　　サブテキスト』大空社，2018年。

湯浅誠『「なんとかする」子どもの貧困』角川新書，2017年。

| 第15章 | 保育者養成校による支援 |

―― 学びのポイント ――

　近年，保育者養成校が学内や学外（地域）で子育て支援活動を企画，運営，開催することも多くなっている。その理由の一つとして，保育所や幼稚園等の実習において学生が保護者と関わる機会がほとんどないことがあげられる。つまり，養成校での子育て支援の取り組みが実習とは異なった実践の場を提供しているといえる。本章では，新しい学びの場として考えられる保育者養成校の子育て支援活動において，学生が何をどのように学べるのかを明らかにしていく。読者である学生の皆さんも自分のことに置き換えて事例を捉え，親子を知ること，親子から学ぼうとすること，さらには親子との関わりにおいてできることを考えてほしい。学びのポイントは，以下の3点にまとめることができる。

　　①　子育て広場に参加した学生の事例を通して子育て支援に取り組む際の基本的姿勢を理解する。
　　②　学生が主体的に計画・実践する子育て支援活動の展開過程から，主体的・対話的学びの大切さを理解する。
　　③　事例を踏まえ自分自身が今できる子育て支援を考える。

1　実習で自信をなくした学生の子育て広場への参加

（1）　事例のねらい

　保育者になることを目指して保育者養成校に入学した学生が，実習などで一時的に自信をなくしてしまう場合もある。理想と現実のギャップを感じてしまった学生にとって何らかのサポートが必要となる。このようなとき，保育者養成校が行う子育て支援活動への参加が，再び保育に向かう前向きな気持ちや親子から学ぶ姿勢をもつきっかけになる場合がある。この事例では，自信をな

第Ⅲ部　事例で見る保育者の子育て支援

くした学生が親子と関わる喜びや困難を乗り越えていく過程が記されている。
自分なら親子とどのように関わることができるかを考えながら読み進めてほし
い。

（2）　事例の概要

　佐藤さんは，Ｋ大学の2年生である。保育者になることが小さい頃からの夢
でＫ大学に入学。学内の授業では保育・幼児教育を学ぶことに楽しさを感じて
いた。しかし，自身にとって初めての実習である幼稚園実習（2年生後期10月に
実施）において，同じ子ばかりに関わって周りが見えていない，日誌の考察が
不十分などの指摘を受け，自信をなくしてしまう。将来，保育者になることに
も迷いが生じ始める。そんな時，実習の事後面談において学内で行っている子
育て広場のボランティアを紹介される。

　斉藤先生は，保育学を専門とする教員。3年前Ｋ大学に子育て広場ができた
当初から運営に関わっている。学生ボランティアの窓口を担当し，子育て広場
のアドバイザーもしている。

　大塚保育士は，Ｋ大学の卒業生で，保育所で10年間勤務した後，母校の子育
て広場の担当保育士となった。日頃から親子の様子をよく見ており，保護者か
らの相談にも親身になって応じている。

（3）　事例の展開

　保育実習後の事後面談で佐藤さんは，周りが見えていない，日誌の考察が不
十分といった話を聞き，ショックを受けた。自分では頑張ったつもりで，何が
悪かったのかすぐには思いあたらなかった。しかし，面談で話しているうち，
初めての実習で緊張してしまい，声をかけてくれる子どもとしか関われなかっ
たことや，日々の目標があいまいで，日誌には子どもや保育者がしたことを書
くのが精一杯だったことに気づくことができた。次の実習に向けて不安を感じ
ていると，面談担当の先生から学内の子育て広場のボランティアを紹介された。
子育て広場のことはプレールームの前を通る程度でよく知らなかったが，子ど

210

もと関わる経験をしたいと思い，広場を担当する斉藤先生に参加を申し出ることにした。

　佐藤さんは後日，担当の斉藤先生の研究室を訪問し，「学内の子育て広場でボランティアがしたいんです。子どもと関わる経験を増やしたいと思っています」とお願いしてみた。斉藤先生からは，「やる気のある人なら歓迎しますよ。ところで，広場がどんなところか知っていますか？」との質問があった。佐藤さんが素直に「そういえば，どんな人が利用しているかよく知りませんでした」と答えると，斉藤先生は次のように子育て広場について説明してくれた。

　広場は，月曜から水曜の10：00～15：00が開設時間で，0歳～3歳くらいまでの子どもと保護者が利用しており，1日約15組の親子が来室するとのことだった。また，ボランティアの際の注意事項として，学生であっても安全面や衛生面には十分に気をつけてほしいこと，ボランティアで知りえた情報を他に漏らさないこと，許可なく写真やビデオ撮影をしないことなどが伝えられた。保険はボランティア保険を利用するとのことだった。

　その話を聞き佐藤さんは，0歳児や1歳児とはほとんど関わったことが無かったので，楽しみな気持ちと保護者とうまく関わることができるか不安を感じた。しかし，何か新しいことを始めたいと思っていた佐藤さんは，来月から週1回，授業がない月曜の2限（10：50～12：20）に参加したいと伝えた。

　最後に斉藤先生から次のような言葉があった。「最後に大事なこととして，広場は学内の施設でもあり，周りの目を気にせず，まずは自分の思ったように関わってみてください。ここでは失敗しても大丈夫です。でも毎回，活動後に気づきや感想などを簡単でよいので書いて提出してください。私がコメントして返しますから」と伝えられた。

　初回，佐藤さんは緊張から表情も硬かった。しかし，親子から温かく迎えてもらっているという雰囲気を感じ，少しずつ緊張はほぐれていった。緊張がほぐれると徐々に笑顔で接することもできた。初回は主に1歳児のゆうき君と関わった。ゆうき君は寝起きということもあり母親と離れると泣き出してしまうことが多く，なかなかうまく関われなかった。大塚保育士が音のなるおもちゃ

第Ⅲ部　事例で見る保育者の子育て支援

で遊んだり，抱っこして身体を動かす遊びをし，ゆうき君も笑顔が見られるようになった。

　次の週の火曜日，佐藤さんがボランティアに参加すると，先週も広場に来たゆうき君が来ていた。ゆうき君は電車をつなげたり，離したりして遊んでいた。その傍でみさきちゃん（2歳児）も線路に電車を走らせて遊び始めた。ゆうき君はその様子を見て，みさきちゃんの真似をするように線路に電車を走らせた。えみさん（ゆうき君の母）はそれを見て，「初めて線路の上を走らせるのを見ました」と興奮ぎみに話してくれた。その後もゆうき君は，電車を線路の上で走らすことを繰り返し楽しんでいた。

　佐藤さんは近くでこのやりとりを見守っていた。そして，この日の活動記録には，「初めて線路の上を走らすことができたゆうき君と喜んでいるお母さんと同じ場所にいることができ，自分のことのように嬉しかった」と書いた。斉藤先生からは，「佐藤さんが親子の様子をよく見たい，しっかり関わりたいと思っていたからこそ，このような場に出会えたんですね。今後も親子との関わりを楽しみながら，親子にとって何ができるのかを考えながら関わってみてください」とコメントがあり，自分の関わりを認められたように感じ，今後もボランティアに安心して取り組めそうな気がした。

　何度かボランティアを経験したある日，この日は広場に来室する親子も多く，佐藤さんも数組の親子とままごとコーナーで関わっていた。その時，こうじ君（2歳児）がたかひろ君（2歳児）の遊んでいたコップを取ってしまった。それを見たちほさん（こうじ君の母親）が怒り出した。ちほさんはこうじ君に向かって「他の子のものを取ったらだめってあれほど約束したのに！」と怒った。それを聞いたこうじ君は固まってしまい，何を言われているのかわからない様子だった。さらに「ちっとも反省していない」と重ねて注意した。それを聞いたたかひろ君もこうじ君が怒られるのを聞いて泣き出してしまった。

　その時，佐藤さんはどのようにこうじ君，たかひろ君に言葉かけしてよいかわからず，オロオロしてしまった。その様子を見ていた大塚保育士が近づいてきて，ちほさんと話をしてくれた。佐藤さんは大塚保育士とちほさんが話して

いる間，こうじ君とたかひろ君と関わった。こうじ君に別のコップを渡すと，取ったコップは返すことができた。たかひろ君もすぐに泣き止み，ままごとを続けている。こうじ君の様子を見ていると，たかひろ君の物をわざと取ったわけではないと感じられた。大塚保育士と話したことでちほさんも落ち着いた様子が見られた。

　この日のボランティアが終わった後，佐藤さんは大塚保育士にどのようにちほさんと関わったのか聞いてみた。大塚保育士からは意外にも「何もアドバイスしてないわよ」との言葉が聞かれた。「お母さんの気持ちや思いを聞いているだけよ。じっくりと相手の気持ちになって聞くことが大切だと思うの」と言われた。佐藤さんは授業で学んだ"傾聴"という言葉を思い出し，相手の立場になって話を聞くことの大切さを実感することができた。

　また別の日にはいつも来ているさとる君（3歳児）と遊んだ。さとる君は子どもが乗れる手作りのペットボトル電車が大好きで，この日も佐藤さんに引っ張ってほしいと頼んできた。佐藤さんが引っ張り始めと，「もっと早く，もっと早く」と要求した。佐藤さんも頑張って引っ張っていたが，これ以上は危ないと思い，「危ないからゆっくり」と伝えた。するとさとる君は，不機嫌な表情となり，それでも「もっと早く」と繰り返し要求してきた。その様子を見ていた大塚保育士は，大型積木を持ってきて"駅"をつくり，その積木に座り「お客さんが駅で待ってますよ」とさとる君に聞こえるように言った。それを聞いたさとる君は，駅で止まるようになり，結果的にゆっくり進むようになった。また，他児も"駅"に興味を示し，順番に電車への乗り降りができた。

　佐藤さんは，なぜ大塚保育士が駅をつくったのか，最初はその理由がよくわからなかった。しかし，活動後に大塚保育士の関わりの意味を考えてみると，斉藤先生がよく言っている，「○○してはダメ」と子どもに言うのではなく，環境を通して保育を行うことが大切といった言葉が思い浮かんできた。

　3カ月後，子育て広場でのボランティアを続けた佐藤さんは，親子と関わることが楽しくなり，関わり方に自信もついてきた。また，1歳児や2歳児の発語や行動の発達を，発達心理学や乳児保育のノートを見直して確かめたり，子

第Ⅲ部　事例で見る保育者の子育て支援

育て支援の授業で学んだ保護者との関わり方を意識して関わり始めた。ボランティアは3年生になっても続けたいと考えていて，卒業研究では子育て支援をテーマにした研究に取り組みたいとも思い始めている。

（4）　事例の考察

　この事例は，実習で自信をなくし学内の子育て広場にボランティア（正課外活動）として参加した学生に着目したものである。ボランティアに参加することで，佐藤さんは子育て支援の基本的事項を体験的に学んでいると考えられる。それは，子どもの成長を保護者とともに喜び合うこと，母親の喜びに素直に共感することといえる。何かを親子に与えるといった支援ではなく，親子から学ぶ，親子とともに子どもの成長を喜ぶといったことを実際に体験している。

　他方，事例に示されているように，子育て支援を行う上では，親子との関わりに戸惑い，悩みや葛藤することもある。保育者として成長するには，直面する課題を乗り越えていくことが大切である。その場合，個人の力だけではなく，周りのサポートが重要と考えられる。この事例のように学生が保育者や教員に認められているといった安心感をもつことや，実際の関わり方を見て学ぶこと，助言を受け入れることが成長につながっていく。

　さらに，親子が安心して快適に過ごせるためには環境構成が重要だと考えられる。事例のように遊具や素材といった物的環境やプレールーム内の空間の使い方といった空間的環境について，固定的に捉えるのではなく，親子の状況に応じて柔軟に環境を変化させることの大切さを体験的に学んでいるといえる。

2　学生がチームとなって主体的に取り組む子育て支援活動

（1）　事例のねらい

　この事例は，授業（正課活動）において主体的に計画・実践する子育て支援活動に取り組んでいる学生に着目したものである。近年，主体的・対話的な学びを実現する能動的（アクティブ）な学びの実践が注目されている。ここで紹

介する事例は，学生が子育て支援活動の計画，準備，環境構成などに取組み，自己の活動を振り返って次につなげる主体的な学びを実践している例といえる。また，学生同士の協働，学生と教員，さらには親子との関わりが，自分の考えを広げ深める対話的な学びにつながっている。実際の活動では，うまくいかないことや困難に直面する場合もあるが，そのような場合でも自ら課題を見出し，課題の解決につなげようとする学び続ける姿勢をもつことの大切さを考えてほしい。

（2） 事例の概要

中村さんは，Ｔ大学の3年生である。Ｔ大学に入学した頃から学内のプレールームで行われている子育て支援活動に参加したいと思っていた。3年生になり，子育て支援活動を計画・実践する「保育・子育て支援実践演習Ⅰ」を履修する。この授業は，地域の親子約10組が参加する活動の計画，実践，振り返りを行うといった内容であった。彼女は先輩からも大変だけれどやりがいのあるという言葉を聞き，自分もぜひ参加したいと思って履修した。

高橋さんは，Ｔ大学の4年生である。昨年度「保育・子育て支援実践演習Ⅰ」を履修し，今年度は「保育・子育て支援実践演習Ⅱ」を履修した。責任感が強く，今年度は4年生として活動を引っ張っていきいと張り切っている。三上先生は，「保育・子育て支援実践演習Ⅰ・Ⅱ」の授業担当者で，保育所に併設されている子育て広場で働いていた経験がある。子育て支援を専門としている。

（3） 事例の展開

最初の授業の際，三上先生から今後についての説明があった。この授業は年間10回の親子が参加する活動日と活動前の計画・準備の回，活動後の振り返りを行う回があり，合計すると30回の通年授業とのことだった。参加する子どもの年齢は4月時点で3歳未満であり，2歳児がほとんどとのことだった。また，学生の役割として活動中には写真を撮る「記録係」「受付係」「集団活動のリー

第Ⅲ部　事例で見る保育者の子育て支援

ダー係」などを交代で行うこと，計画や準備，環境構成などは学生が話し合って決めていくことなどが説明された。具体的な内容は，昨年度「保育・子育て支援実践演習Ⅰ」を履修した4年生の高橋さんから説明があった。それを聞いた中村さんは堂々と説明する4年生が頼もしく思えた。

4月，第1回目の子育て支援活動が行われ，親子12組が参加した。中村さんも緊張したが，子どもも親もまだ場所に慣れておらず緊張している様子だった。この日は設定したままごとコーナーや描画コーナー，運動遊びのコーナーなどで子ども達が自由に遊ぶ内容が計画されていた。自由な雰囲気な中，子ども達にも徐々に笑顔が見られ，中村さんも子どもと楽しく遊ぶことができた。

さて，この子育て支援活動では活動後毎回，学生が分担して活動時の子どもの様子などを記したお便りを書き，写真と一緒に保護者へ送ることになっていた。中村さんもなおちゃん（2歳児）のお母さんにお手紙を書くことになった。中村さんは，初めての経験のため何を書いてよいのか分からなかった。迷ったが，関わりの中で印象に残っていることとして，「なおちゃんは緊張している様子で表情がかたく……」といった文章や「後半はままごとで遊ぶ姿が印象的でした」などと書いた。お手紙の下書きを三上先生に見せると，「緊張している様子といった否定的な様子ではなく，肯定的な様子が見られた場面や関わりを書くほうがよいこと。子どもの姿とともに，自分が関わってどのように感じたか，自分の思いを書くこと」といった添削のコメントが書かれていた。

添削後もなかなか書くことができずにいた中村さんだったが，活動日の次週，振り返りの時間で話し合っているうちに書くヒントがつかめた。活動の振り返りは，90分の時間を使って学生各自が書いてきたエピソード記録や記録係が撮った写真やビデオを見ながら話し合いが進められる。4年生の高橋さんからは，ままごとコーナーでなおちゃんがお人形に「お腹が空いているみたい」「食べられちゃった」と話しかけていたエピソードが語られた。また，写真に写っている視線や表情，やりとりの様子を見ることで，なおちゃんが自分なりの"ストーリー"をもって遊んでいることがわかった。手紙には，「なおちゃんは自分の世界をしっかりと持っていて，遊びにとても集中しているように感

216

じました」と自分なりの思いも書くこともできた。お母さんがお手紙の返信として書いたコメント欄には，「お姉さんと遊べて楽しかったのか，また行きたいと言っています。お人形に語りかけているわが子の様子にも初めて気づきました。よく見ていてくれてとても嬉しいです」との言葉があった。中村さんは，お母さんが自分の書いたお手紙をこんなにも喜んでくれていることに，苦労して書いた甲斐があったと感じることができた。

　子ども達も活動に慣れてきた6月の第3回目の活動は，学生同士で話し合って特別に感触遊びのコーナーをつくった。このコーナーには，小麦粉粘土，寒天，白玉，室内で遊べる砂を用意した。中村さんは，子ども達みんなが喜んで用意したものに触って感触を楽しんでくれると思っていた。しかし，実際の活動では，感触を楽しんでいる子がいる一方で，ほとんど触っていない子が数人いた。中村さんが「あっちで遊ぼう」と促しても，ちらっと見るだけで動こうとはせず，せっかく用意したものに触ってくれないことに残念な気持ちになっていた。

　一方で，4年生の高橋さんは特に気にする様子ではなかった。昨年度の経験で2歳という年齢を考えると感触遊びを楽しめる子とそうでない子の個人差があることを知っていたためだった。ただ，感触コーナーに行けないあゆみちゃん（2歳児）のお母さんの表情が曇っていたので，ままごとコーナーで遊んでいるあゆみちゃんのところに感触遊びのコーナーから寒天や白玉を持っていってみた。見守っていると自分からおたまやトングでつまんでお皿に入れる様子が見られた。感触コーナーに興味がないわけではなく，直接触ることにまだ抵抗があること，自分のお気に入りの遊びの中なら素材を使って楽しめることなど，お母さんに説明すると少し安心した表情を見せた。

　そんな時，中村さんがいた室内の砂のコーナーで，たかし君（1歳児）が砂を投げ始め，周りに砂が散乱してしまった。中村さんはこのような事態を想定しておらず，お母さんと一緒にその行為を止めることに精一杯になった。たかし君に言葉で言ってもなかなか止めようとせず，お母さんが砂のコーナーから離すことでなんとかその場は収まった。

第Ⅲ部　事例で見る保育者の子育て支援

　次週の活動の振り返りで砂のコーナーでの出来事が話し合いのテーマとなった。砂を投げることはよくないことだが，たかし君の気持ちを受け止めたいという意見や，投げることを許していると周りにも影響が及んでしまうといった意見が出された。三上先生からは，「たかし君にとって何が大切かを考えるとともに，子育て支援の活動のため，お母さんにとっても何が大切かを考えて次回の計画する必要がある」といった助言がなされた。それを聞いて高橋さんから，たかし君は投げること自体が楽しく，投げるのは砂でなくてもよいのではないかという意見が出された。みんなで話し合い，プレールームの中で安全に投げることを楽しめる遊具を手作りしようということでまとまった。

　次の第4回の活動では，砂のコーナーの代わりに板段ボールで"かえるの的入れ"を作成した。ボールをかえるの口に投げ入れると，おしりから出てくる仕組みにした。たかし君は入室するとすぐに興味を示し，繰り返しボールを口に投げ入れた。それを見ていた他児も興味を示し，おしりから出てきたボールを一緒に拾って，的に入れる遊びを楽しんだ。入室後少し表情が硬かったお母さんも，三上先生からの「前回のたかし君の投げるという行為にヒントをもらって作成しました」という説明や，楽しそうに遊んでいるわが子の姿が見られたことで，安心して表情が和らいだ。中村さんも自分達がつくった手作り遊具で，子どもたちが楽しんでいる様子を見て，活動のやりがいをますます感じることができた。

（4）　事例の考察

　この事例は，授業（正課活動）として子育て支援活動に取り組んでいる学生に着目したものである。まず事例から読み取れるのは，振り返りの大切さである。保護者へのお手紙をなかなか書けなかった中村さんが，振り返りの話し合いを通して子ども理解が進み，自分の言葉で活動を通して育ったと感じられたことを書けるようになった。また，たかし君の事例では，砂を投げたことを否定的に見るのではなく，子どもの行為の意味を前向きに考えている。このような振り返りができたからこそ，次の活動に活かせる素材のアイデアが生まれ，

子どもの育ちに不安を抱えた保護者の気持ちを受け止めることにもつながった。またその際，活動の写真やビデオといった記録を活用して振り返りを行っていることも大切である。近年，子育て支援の場では，保育ドキュメンテーションやポートフォリオといった保育の成果を整理・体系化し，可視化された記録を通して，保護者と子どもの育ちが共有する試みがなされている。今回の事例でも可視化された記録を用いて保護者へのお手紙や次の計画の改善に役立てている。写真やビデオ撮影の同意を保護者から比較的容易に得らえることも学内で行っている子育て支援活動の利点と考えられる。

　また，事例の活動は，３年生，４年生，教員がチームになって行っている活動である。言うまでもなく保育・子育支援は保育者一人で行うことはできず，チームで取り組むことが求められる。事例においてもチームで取り組むことが，うまくいかないことや困難な場面での課題解決につながっていた。一人ひとりが求められる役割を自覚し，チームで協働して取り組むことの大切さを事例を通して読み取ることができる。

3　本章のまとめ

　本章では，近年，保育者養成校で多く行われてきている自校のプレールームなどの施設を使った子育て支援活動に参加した学生の学びを取り上げて考察した。学生の学びのポイントをまとめると，「子どもの成長に気づき，保護者と成長を喜び合うといった保育者としての基本的事項の理解」「親子との関わりにおいて，親子から学ぼうとする姿勢や親子をよく観察するといった姿勢の大切さの理解」「子育て支援活動の計画，準備，環境構成などに取り組み，自己の活動を振り返って次につなげるといったサイクルの大切さの理解」「活動をチームで行うことの重要性や一人一人に求められる役割を自覚することの大切さの理解」といったことが挙げられる。

　保育学生は，保育実習などで実際に保護者と関わる機会がなかなか得られないという現状がある。そのため，自ら学内や学外の子育て支援活動に参加し経

第Ⅲ部　事例で見る保育者の子育て支援

験を積むことも大切である。実際に保護者に関わることで，保護者に抱きがち
なマイナスのイメージ（モンスターペアレンツ等）も変わり，子育てを共に担う
パートナーとして見ることができる。事例に示したような子育て支援活動が学
内で行われている際には，親子との関わりの第1歩を踏み出せるのではないか
と考えられる。

── さらに考えてみよう ──

① あなたの養成校で保育・子育て支援活動を行うとすると，どのよう
な活動ができるか考えてみよう。その際，対象，時間，費用，人数，
活動の目的や内容，広報の方法など，なるべく具体的に考えてみよう。
② グループになり，考えた保育・子育て支援活動のパンフレットを作
成，発表し合ってみよう。

注
(1) 小原敏郎・中西利恵・直島正樹・石沢順子・三浦主博「保育者養成校がキャンパス
内で行っている子育て支援活動に関する調査研究」『共立女子大学家政学部紀要』62,
2016年，153-163頁。

参考文献
石川昭義・小原敏郎編著『保育者のためのキャリア形成論』建帛社，2015年。
入江礼子・小原敏郎・白川佳子編著『子ども・保護者・学生が共に育つ──保育・子育
て支援演習』萌文書林，2017年。
小原敏郎・神蔵幸子・義永睦子編著『保育・教職実践演習　第2版』建帛社，2018年。

あ と が き

　本書は，保育士養成の新カリキュラム「子育て支援」のためのテキストであり，保育者の行う保護者に対する子育て支援について，「理論編」「演習編」「事例編」を通して，段階的に理解を深めながら学べるように構成されている。
　「事例編」でも示されていたように，子育て不安や児童虐待，子どもの貧困の問題など現代の子どもや保護者は多様な状況に置かれており，こうした保護者の状況をすべて理解し，的確な子育て支援を実践できるようになることは決して容易なことではないだろう。養成校での学修や保育現場での実習においては，どうしても子どもの保育についての学びが優先され，保護者に対する子育て支援について学ぶこと，特に体験的に学ぶ機会は少ないかもしれない。
　しかし，学生時代においても，保育所実習中に送迎時の保護者と子どもの様子を観察して日常的な親子関係について学んだり，第15章に示されていたように，親子で利用する子育て支援センター等でボランティアを行ったりすることで，子育て支援についての理解を深めていくことができることから，積極的に体験的な学びにも取り組んでいってほしい。
　また，保育現場において実際に保護者に対する子育て支援を実践する際には，保護者との良好な関係を築き，保育者間や地域の諸機関と連携してチームワークで保育や支援にあたるために，コミュニケーション力やソーシャルワークが求められる。学生時代の学びの中でも，社会人全般に求められる人間関係やコミュニケーションについての力を身に付けていくことも必要であろう。
　保育士の資質や専門性の向上のための「保育士等のキャリアアップ研修」においても，専門分野研修の一つとして「保護者支援・子育て支援」が位置づけられている。「子どもの最善の利益」を考慮した保育や子育て支援を実現できる保育者を目指して，学び続けていってほしいと願っている。そのために，本

書が，将来保育現場において活躍を目指す学生に役立つ書籍になれば幸いである。

　最後に，本書の執筆者及び執筆に協力してくれた方々に感謝を申し上げるとともに，出版にあたり多大なご尽力を賜りましたミネルヴァ書房の音田潔様に，この場をお借りして心より御礼申し上げます。

　2019年7月

三浦主博

索　引

あ 行

アイスブレイク　71
アウトリーチ　30
アセスメント　176,178,183
言い換え　43
育児講座　88
育児ストレス　172
育児不安　5,172
育児負担　182
一時保護　179,181,186
意図的な感情の表出の原則　36
インクルージョン　8,9
インターディペンデンス　68
エコマップ　33,101,103,176
園内での情報共有　145
エンパワメント　33,40,68,176
お迎え　62
オムツ外し　68
親の会　162

か 行

外国籍家庭　13
カウンセリングマインド　38
家族支援　165
活動中の離席　146
活動のスパン　149
関係機関との連携　151
関係の貧困　7
カンファレンス　111,160
虐待通告　180
虐待のリスク要因　184
共感　65,176

──的理解　39
共通理解　111
協働性　111
業務上の情報共有　156
空間的環境　84,88,214
繰り返し　43
グループワーク　70
計画の見直し　177
経済協力開発機構→OECD
経済的困窮　199
経済の貧困　7
傾聴　39,65,176,213
ケースカンファレンス　94,112,160,165,
　　176,182,187
ケースマネジメント　183,187
合計特殊出生率　5
肯定的な相互作用　152
コーディネート力　187
個人情報の管理　16
個人情報の守秘義務　156
個人面談　79
子育て講座　82
子育て支援　18
──の技術　176
子育て情報　82
子育て世代包括支援センター　49,115
子育て短期支援事業　54
子育ての苦労　147
子育て広場　210
孤独　175
子ども家庭総合支援拠点　49,50
子ども・子育て応援プラン　3
子ども・子育て支援新制度　52

子ども・子育て支援法　3
子ども・子育てビジョン　3
子ども食堂　7
子どもの安全確認　180
子どもの権利条約→児童の権利に関する条約
子どもの最善の利益　20,24
子どもの貧困　2,191
　　——対策の推進に関する法律　7
　　——率　7
子どもの保育　18
個別化の原則　36
個別の支援計画　154
孤立　172,180,182

さ 行

在宅支援　183,185
ジェノグラム　33,101,103,176
支援の振り返り　177
支援の見通し　176
視覚的な手がかり　149
自己覚知　188
自己決定の原則　37
自己決定の尊重　21
次世代育成支援対策推進法　3
施設型給付　5
児童委員　51,204
児童虐待　2
　　——相談対応件数　5
指導計画　76
児童相談所　5,13,181,196
児童の権利に関する条約　24
児童福祉法　14
社会資源　47,169
　　インフォーマルな——　47,164,170
　　フォーマルな——　47,163,170
就学　150
　　——支援シート　155
　　——相談　153

集団に位置づいていられる　149
集中しやすい環境　146
主訴　31,32
主体的・対話的な学び　214
手段的支援　162
守秘義務　32,86
受容の原則　37
巡回相談　148,153
障害特性　163
情緒的支援　162
情報的支援　162
職員間の連携協働　151
進級　150
人的環境　84
信用失墜行為の禁止　22
信頼関係→ラポール
ストレス　174,180
ストレングス　33,40,163,169,176
正課外活動　214
正課活動　214,218
生活保護　160,197
精神保健福祉士　160
セルフヘルプ・グループ　163
全国保育士会倫理綱領　22,60
全体的な計画　75,76
専門機関との連携　145
送迎時　126
相対的貧困率　5
ソーシャルワーク　91,94

た 行

互いに認め合う仲間関係　152
多機関・多職種との連携・協働機能　170
多職種チーム　162
多様なニーズ　130
地域型保育　53
　　——給付　5
地域子育て支援拠点事業　51,136

索　引

地域の関係機関　15
通級による指導　154
通訳ボランティア　168
統御された感情的関与の原則　37
ドキュメンテーション　88
特別支援　153
　——学校　154
　——学級　154
閉じられた質問　42
友達とのトラブル　147
トラスト　35

な　行

ニーズ　62
乳幼児家庭全戸訪問事業　54
ネグレクト　191
ネットワーク　163
年間の子育て支援に関する計画　77
能動的（アクティブ）な学び　214

は　行

バイスティックの7原則　36
発達支援センター　154
発達障害　202
パートナー　60
ピアサポート　170
非言語的コミュニケーション　41
非審判的態度の原則　37
秘密保持義務　22
秘密保持の原則　38
病児保育事業　13
開かれた質問　42
ファシリテーター　70
ファミリーサポート　178,186
ファミリー・サポート・センター事業　54,
　161
福祉事務所　199
物的環境　84,87,214

プライバシー　86
　——の保護　16
プレールーム　210,219
分離不安　62
保育カンファレンス　112,150
保育計画　161,166
保育参加　72,80
　——の指導計画　79,80
保育参観（参加）　71,79,88
保育士の専門性　18
保育者としての基礎力　20
保育者の専門性　22
保育者養成校　209
保育所児童保育要録　156
保育所保育指針　10,11,18,158
　——解説　11,19,158
保育所保育の中核的な役割　19
保育短時間　56
保育ドキュメンテーション　219
保育標準時間　56
保育を必要とする事由　55
保健計画　76
保護者会　166-168
保護者懇談会　70
保護者支援　158
保護者だより　166-168
保護者の「受容」　21
保護者面談　65
ポートフォリオ　88,219
ボランティア　210

ま　行

民生委員　51
明確化　42
面接　31
面談　148

225

や　行

役割分担　183, 184
養育知識・スキルの不足　172
養育力　70, 182
幼稚園幼児指導要録　156
要保護児童　86
要保護児童対策地域協議会　13, 50, 179, 183,
　　185, 196
幼保連携型認定こども園園児指導要録　156

ら・わ行

ラポール　35

倫理観　20
連絡帳　63, 166, 168
ワンアップ・ポジション　31

欧　文

DV　197
Ⅰメッセージ　44
OECD　5
PDCA サイクル　94, 145, 152
PSW→精神保健福祉士
SOLER　41

著者紹介（所属，執筆分担，執筆順，＊は編者）

＊小原敏郎（おはらとしお）　（編著者紹介参照：第1章・第6章2・第8章・第15章）

＊三浦主博（みうらきみひろ）　（編著者紹介参照：第2章・第8章）

大瀬戸美紀（おおせとみき）　（東北生活文化大学短期大学部生活文化学科専任講師：第3章）

明柴聰史（あけしばさとし）　（富山短期大学幼児教育学科専任講師：第4章）

佐藤千晶（さとうちあき）　（昭和女子大学人間社会学部専任講師：第5章）

安部久美（あべくみ）　（帝京科学大学教育人間科学部助教：第6章1）

上村裕樹（うえむらひろき）　（聖和学園短期大学保育学科准教授：第7章）

直島正樹（なおしままさき）　（相愛大学人間発達学部教授：第7章）

向井秀幸（むかいひでゆき）　（大阪成蹊短期大学幼児教育学科専任講師：第8章）

松尾寛子（まつおひろこ）　（神戸常盤大学教育学部准教授：第9章）

松永愛子（まつながあいこ）　（目白大学人間学部准教授：第10章）

義永睦子（よしながむつこ）　（武蔵野大学教育学部教授：第11章）

氷室綾（ひむろあや）　（武蔵野大学教育学部非常勤講師：第11章）

栄セツコ（さかえ）　（桃山学院大学社会学部教授：第12章）

兎澤聖（とざわあきら）　（尚絅学院大学総合人間学系心理・教育学群准教授：第13章）

森詩恵（もりうたえ）　（大阪経済大学経済学部教授：第14章）

編著者紹介

小原敏郎（おはら・としお）

1971年生。

2006年 東京学芸大学大学院連合学校教育学研究科学校教育学専攻修了。博士（教育学）。
臨床発達心理士。

現 在 共立女子大学家政学部児童学科教授。

主 著 『保育者のためのキャリア形成論』（共編著）建帛社，2015年。
『子どもの理解と援助　子ども理解の理論及び方法──ドキュメンテーション（記録）を活用した保育』萌文書林，2019年。

三浦主博（みうら・きみひろ）

1970年生。

1998年 東北大学大学院教育学研究科博士課程後期3年課程満期退学。修士（教育学）。

現 在 仙台白百合女子大学人間学部人間発達学科教授。

主 著 『本当に知りたいことがわかる！　保育所・施設実習ハンドブック』（共編著）ミネルヴァ書房，2016年。
『子どもとかかわる人のための心理学──保育の心理学，子ども家庭支援の心理学への扉』萌文書林，2019年。

保育実践に求められる子育て支援

| 2019年10月10日 | 初版第1刷発行 | 〈検印省略〉 |
| 2022年12月30日 | 初版第4刷発行 | |

定価はカバーに
表示しています

編 著 者	小 原 敏 郎
	三 浦 主 博
発 行 者	杉 田 啓 三
印 刷 者	坂 本 喜 杏

発行所　株式会社　ミネルヴァ書房
607-8494　京都市山科区日ノ岡堤谷町1
電話代表　（075）581-5191
振替口座　01020-0-8076

© 小原・三浦ほか，2019　　冨山房インターナショナル・藤沢製本

ISBN 978-4-623-08679-5

Printed in Japan

保育実践に求められる子ども家庭支援

橋本好市・直島正樹 編著

Ａ５判／232頁／本体2500円

ソーシャルインクルージョンのための障害児保育

堀智晴・橋本好市・直島正樹 編著

Ａ５判／242頁／本体2500円

本当に知りたいことがわかる！保育所・施設実習ハンドブック

小原敏郎・直島正樹・橋本好市・三浦主博 編著

Ａ５判／276頁／本体2600円

子どものニーズをみつめる児童養護施設のあゆみ

大江ひろみ・山辺朗子・石塚かおる 編著

Ａ５判／304頁／本体3000円

里親のためのペアレントトレーニング

武田建・米沢普子 著

四六判／236頁／本体2000円

── ミネルヴァ書房 ──

https://www.minervashobo.co.jp/